Sie sind das, was man in Schwaben »Käpsele« nennt: intelligent und gewitzt. Und sie haben das Sparen neu erfunden. Wer könnte das auch besser als Bernhard Finkbeiner und Hans-Jörg Brekle, die zwei Schwaben, Studenten und Erfinder der erfolgreichen Internetportale »Frag Mutti« und »Frag Vati«.

Mit dem geballten Wissen einer riesigen Fangemeinde im Rücken, die seit Jahren schlaue, gerissene, witzige oder auch einfach nur durchgeknallte Spartipps auf den Internetseiten der beiden »Muttis« (so der liebevolle Spitzname, den ihnen ihre Fangemeinde verpasst hat) veröffentlicht, haben Finkbeiner und Brekle nun ein enorm hilfreiches und unterhaltsames Kompendium der besten Spartipps aus vier Jahren »Frag Mutti« und »Frag Vati« erstellt.

Das Ergebnis ist ein völlig neuartiges Sparbuch, jenseits der viel gescholtenen Geiz-Mentalität: witzig, kreativ, hilfreich und mit einem Augenzwinkern. Ab heute muss es heißen: Sparen ist cool!

Hans-Jörg Brekle wurde 1976 geboren, studiert Sozialpädagogik an der Ev. Fachhochschule Ludwigsburg und arbeitet als Sozialpädagoge bei der Karlshöhe in Ludwigsburg. *Bernhard Finkbeiner* (Jahrgang 1983) studierte Medieninformatik an der Uni Ulm und forscht zur Zeit als Master-Student der Informatik an der Simon Fraser University in Vancouver.

Unsere Adresse im Internet: www.fischerverlage.de
und www.frag-mutti.de
und www.frag-vati.de

BERNHARD FINKBEINER
HANS-JÖRG BREKLE
unter Mitarbeit von Tino Heeg

FRAG MUTTI

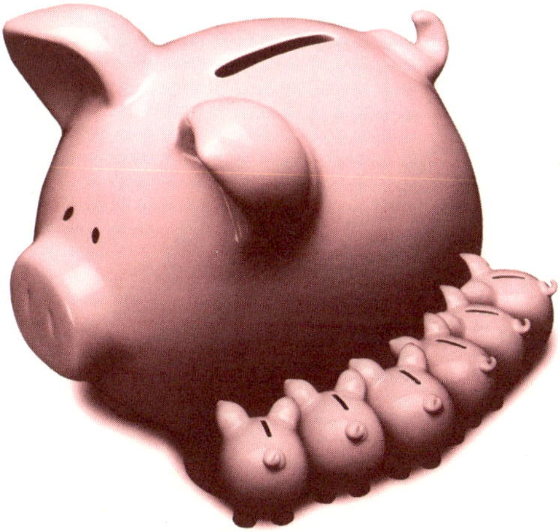

DAS SPARBUCH

Clever sparen mit den Machern von FRAG MUTTI

Fischer Taschenbuch Verlag

Veröffentlicht im Fischer Taschenbuch Verlag,
einem Unternehmen der S. Fischer Verlag GmbH,
Frankfurt am Main, August 2008

Satz: Pinkuin Satz und Datentechnik, Berlin
Druck und Bindung: Druckerei C. H. Beck, Nördlingen
Printed in Germany
ISBN 978-3-596-17814-8

Inhalt

So funktioniert unser Sparbuch

Ohne die vielen Internet-Muttis und ihre Tipps und Ideen wäre das Sparbuch nicht möglich gewesen. Vielen Dank dafür und für eure anhaltende Frag Mutti-Begeisterung! Unsere Internetgemeinde bildet auch die unbestechliche Jury, die jeden Tipp ausprobiert und treffend kommentiert. Um eine Einschätzung hier im Buch schon auf den ersten Blick zu ermöglichen, sind die Tipps, je nach Ausrichtung, mit folgenden Icons ausgestattet:

Spart Nerven

Spart Energie

Spart Zeit

Spart nix, macht aber Spaß

Spart Kohle

Schmeckt lecker

Trotz sorgfältiger Prüfung können wir natürlich nicht für jeden Tipp die Hand ins Feuer legen und sind für Anregungen und Kritik dankbar.

Euer
Bernhard und Hans-Jörg

Intro

Ingo: Wie die Zeit vergeht! Heute sind Kathrin und ich genau ein Jahr verheiratet. Zum ersten Hochzeitstag habe ich mir was ganz Besonderes einfallen lassen: Meine Süße bekommt einen extrageilen Plasma-TV, *42" 106 cm Auflösung: 1024 × 768 (× GA) Format: 16 : 9 Kontrast: 10 000 : 1, Anschlüsse: 2 × HDMI, Komponenten (YUV), 2 × SCART, VGA, S-Video Maße (B × H × T): 102 × 70.5 × 9.5 cm, Gewicht: 30 kg.* Kathrin sieht doch wahnsinnig gerne diese ganzen alten Kino-Schinken und die endlosen Tier- und Naturdokus. Das Premiere-Abo ist dann schon eher was für mich, aber ich bin mir sicher: Die Mega-Glotze mit gefühlten 20 Metern Bildschirmdiagonale wird sie bestimmt umhauen. Wie ich ihr allerdings schonend beibringe, dass ich heute auch noch einen nigelnagelneuen Alfa Romeo Spider geleast habe, weiß ich ehrlich gesagt auch nicht so recht.

Kathrin: Jaja, vor einem knappen Jahr lagen Ingo und ich noch am Strand. Mann, hatten wir einen Kater. Der wurde nur noch durch den mächtigen Jetlag getoppt! Inzwischen sind wir allerdings schwer im Alltag gelandet. Wenigstens ich, denn Schatzi fehlt es manchmal noch an Bodenhaftung. Neulich habe ich doch tatsächlich festgestellt, dass Ingo keine Privathaftpflicht abgeschlossen hat. Da habe ich ihm ordentlich den Kopf gewaschen. Das geht nicht, wenn da mal was passiert, habe ich gesagt. Schließlich sind wir doch eine Zugewinngemeinschaft, wie es so romantisch heißt. Jedenfalls habe ich daraufhin unsere Absicherung in die Hand genommen. Ein wirklich netter Vertreter einer Versicherungsgruppe, Herr König oder so ähnlich, hat mich beraten, und jetzt sind wir rundum bestens versorgt. Allerdings habe ich ein wenig den Überblick verloren, bei all den Lebensunfähigkeits- und Berufsratspflichtversicherungen. Na, Ingo wird mir heute Abend sicher helfen, das alles auseinanderzuklamüsern …

Muttis: Na, das kann ja ein harmonischer Abend werden …

Einige Stunden später

Ingo: Unser erster Hochzeitstag war eine einzige Pleite und endete mit einem handfesten Streit. Ich kann aber auch immer noch nicht glauben, was sich Kathrin von der Versicherung alles hat aufschwätzen lassen. Wir können wahrscheinlich nicht mal mehr niesen, ohne gegen eine Zerrung der Bauchmuskeln versichert zu sein! Aber vor allem ist unser Konto dadurch definitiv leergeräumt. Fünf Millionen Versicherungen, dazu noch die neue Glotze und die ersten Raten fürs Cabrio – wir sind wahrscheinlich schon tief in den roten Zahlen – und der Monat hat gerade erst begonnen.

Kathrin: Unglaublich, dieser Technikjunkie! Was denkt der sich eigentlich? Ich sorge mich um unsere Zukunft, und der haut die Kohle mit beiden Händen nur so raus. Plasma-Bildschirm!! Zum Hochzeitstag! Demnächst schenkt er mir zu Weihnachten ein High-Tech-Bügelbrett! Und als er mir dann noch stolz einen Autoschlüssel präsentierte, war's endgültig aus! Wir haben uns nur noch angebrüllt – an unserem Hochzeitstag! Später ging's dann wieder, aber etwas lässt sich nicht so schnell aus der Welt schaffen: Wir haben ein fettes finanzielles Problem.

Ingo & Kathrin:
Muttis, helft uns!

Muttis: Da ist der Katzenjammer groß. Aber keine Bange, wir sind bei euch. Vielleicht ein kleiner Trost vorweg: So wie euch geht es einer Menge Leute, und wenn ihr das Problem schon mal erkannt habt, ist das die halbe Miete. Es ist ja auch nicht immer leicht, seine Kröten zusammenzuhalten. Und gerade in den ersten Jahren des Berufslebens will einem jeder alles Mögliche verkaufen. Zudem sind wir alle noch nicht mit den wahnsinnigen Ersparnissen ausgestattet. Deshalb haben wir Muttis uns entschlossen, für Ingo, Kathrin und alle anderen Leser hier die besten Spartipps aller Zeiten zusammenzustellen. Dabei geht es nicht nur um das Geldsparen (sozusagen ja unsere schwäbische Kernkompetenz!), sondern auch um Tipps, wie ihr Nerven, Zeit und Energie sparen könnt. Und zwar zu Hause, im Job, in eurer Freizeit – einfach überall!

Wie hoch ist deine Sparkompetenz?

Beantworte die folgenden Fragen und erfahre alles über die Abgründe in deiner Seele – und auf deinem Girokonto!

1. *Du gehst durch die Straßen einer Stadt. Da fragt dich ein junger, etwas ungepflegter Mann mit extravaganter Frisur und einem räudigen Köter an seiner Seite nach einem bescheidenen monetären Zuschuss zu seinem Lebensabend.*

a) Du klärst ihn darüber auf, dass du aus Schwaben kommst. Der Hund jault auf, und der junge Mann wendet sich anderen Passanten zu. (10 Punkte)
b) Du suchst zielgerichtet nach Münzen im Wert von weniger als 50 Cent. (13 Punkte)
c) Du drückst ihm erleichtert dein ganzes Bargeld sowie all deine Scheck- und Kreditkarten in die Hand, um dich anschließend in einem Kloster auf dein Leben als buddhistischer Bettelmönch vorzubereiten. (0 Punkte)

2. *Ein freundlicher Mensch von einem Kreditinstitut deines Vertrauens ruft an und möchte sich mit dir treffen, um mit dir deine gesamte finanzielle und versicherungstechnische Situation inklusive Versorgungslücke bei der Rente durchzusprechen.*

a) Du klärst ihn darüber auf, dass du aus Schwaben kommst. Der Mensch entschuldigt sich und legt auf. (10 Punkte)
b) Du sagst: »Ah, da bin ich aber froh, dass es nur Sie sind – und nicht schon wieder einer dieser unfreundlichen Menschen vom Inkassodienst!« (2 Punkte)
c) Du verwickelst ihn in ein komplexes Gespräch über Hedgefonds, Junk Bonds und die Entwicklung der zwölf wichtigsten Aktien-

indizes weltweit während der vergangenen fünfzig Jahre. Nach einer halben Stunde fragt er dich nach den neuesten Tipps für die Geldanlage. (20 Punkte)

3. *Du hast gerade deinen halben Monatslohn an einem Bankautomaten abgehoben. Als du dich umdrehst, blickst du in die Mündung einer Pistole, und das maskierte Gesicht eines Straßenräubers fordert dich auf, sofort die Kohle rüberwachsen zu lassen. Der Mann hat einen leichten schwäbischen Akzent.*

a) Du klärst ihn darüber auf, dass du auch aus Schwaben kommst. Der Räuber entschuldigt sich und zieht Leine. (10 Punkte)
b) Du verwickelst ihn in ein Gespräch über das Spätzleschaben unter besonderer Berücksichtigung des Einsatzes von kraftsparenden Maschinen. Nach einer halben Stunde einigst du dich mit dem Mann auf fünfzig Euro für deine gebrauchte Spätzlepresse (du hast sie von deiner Oma geerbt). (20 Punkte)
c) Du freust dich sehr, den neuen Karategriff, den du letzte Woche gelernt hast, mit einem freiwilligen Sparringspartner auszuprobieren. Danach nimmst du aus einsichtigen Gründen die Feuerwaffe an dich, um sie meistbietend bei eBay zu versteigern. (5 Punkte)

4. *In deinem Supermarkt streikt der Automat für Pfandrückgabe plötzlich. Und das, nachdem du ihm gerade Flaschen im Wert von fast 15 Euro verfüttert hast.*

a) Du klärst den Manager des Marktes darüber auf, dass du Schwabe bist. Er entschuldigt sich und überreicht dir einen Einkaufsgutschein über 20 Euro. (10 Punkte)
b) Nach einigen gezielten Tritten und Knüffen gibt das Gerät seinen Geist komplett auf, aber das ist dir auch egal, weil du längst vom Kassierer aus dem Geschäft geworfen wurdest. (1 Punkt)
c) Du verwickelst die Dame aus der Schlange, die sich hinter dir gebildet hat, in ein Gespräch über Pro und Contra von Bodenstaubsaugern. Schließlich zeigt sie sich sehr interessiert an deinem

Gerät aus den frühen Achtzigern (von der Großtante), und ihr einigt euch auf einen Preis von 65 Euro. (20 Punkte)

Auswertung Rechne nun deine Punkte zusammen.

Von 8 bis 39 Punkte: Man könnte dich als hoffnungsfrohen, aber teilweise noch recht dilettantischen Anfänger im Studienfach »Sparen« bezeichnen. Schwein gehabt, dass es für diese Studienrichtung weder Numerus clausus noch Zulassungstests gibt. Aber: Du kannst mächtig aufholen. In jedem Fall hast du bisher nicht am falschen Ende gespart, sondern dir dieses wirklich instruktive Buch gegönnt. Weiter so!

Genau 40 Punkte: Okay, sage jetzt nichts – du bist sicher aus Schwaben. Zum Thema Sparen kann man dir jedenfalls nichts mehr vormachen. Aber warum hast du dir dann dieses Buch gekauft? Richtig, weil du natürlich weißt, dass hier die absoluten Profitipps zu finden sind. Und als echter Schwabe willst du dich fortwährend in deinem Kerngeschäft verbessern. Weise Entscheidung!

Von 41 bis 60 Punkte: Respekt! Dir kann man nichts verkaufen, was du nicht direkt mit Gewinn wieder verscherbeln kannst. Und wir würden uns freuen, so ein Schnäppchen gemacht zu haben. Jedenfalls bist du wirklich gewieft in deinen ökonomischen Taten. Aber: Geld ist doch nicht alles. Gerade die Tipps, wie man Zeit, Nerven und Energie sparen kann, können dich echt weiterbringen. Oder hast du das Buch etwa nur gekauft, weil du die Erstauflage später teuer verchecken willst, du Cleverle?

Sparen @ Finanzen

Ingo: Nach dem heftigen Streit gestern Abend haben wir uns vorgenommen, grundlegend etwas zu ändern in unserem Leben. Jawohl! Allerdings fällt mir gerade nicht mehr ein, was es eigentlich war –

Kathrin: Ich glaube es nicht, Ingo! Wir müssen sparen! Unser Konto ist auf dem Niveau des Death Valley, nämlich deutlich unter Null! Und in etwa genauso ausgetrocknet.

Ingo: War doch nur ein Scherz! Okay, wir müssen sparen, und zwar dringend. Irgendwie ist uns in dem ganzen Alltagschaos der Überblick verloren gegangen. Wir zählen auf eure Unterstützung, liebe Muttis!

Liebe Kathrin, lieber Ingo,
das machen wir natürlich sehr gerne, gerade auch, weil wir Schwaben sind! So wie wir das sehen, habt ihr ja zunächst ein kleines Liquiditätsproblem, vulgo: Ihr seid total blank. Fangen wir also damit an, dass ihr ein wenig Ordnung in eure Finanzen bekommt.

Spart euch die Schuldenfalle!

Manchmal ist es nicht einfach, den Durchblick zu behalten. Gerade als Azubi, Berufsanfänger, Student oder als junge Familie. Nur eines ist klar: Die Kohle wird knapper. Ent-

scheidend ist es jetzt, eine klare Bilanz über eure finanzielle Situation zu ziehen. Füllt deshalb untenstehende Tabelle aus, am besten zunächst mit Bleistift. Nachdem ihr Ausgaben und Einnahmen aufgerechnet und voneinander abgezogen habt, wisst ihr genau, wo ihr steht.

Anhand dieser kleinen Haushaltsaufstellung könnt ihr klar sehen, ob ihr finanziell Schiffbruch erleidet oder ob euch vielleicht nur einige Extrakosten aus dem Gleichgewicht gebracht haben.

	Monatliche Einnahmen (netto)		*monatliche Ausgaben*
Lohn/Gehalt/Bafög		Kaltmiete zzgl. Nebenkosten	
Lohn/Gehalt/Bafög Partner		Heizung	
Nebenbeschäftigung		Strom	
Nebenbeschäftigung Partner		Telefon	
Rente(n)		Rundfunkgebühren	
Rente(n) Partner		Hausratversicherung	
Krankengeld		Haftpflichtversicherung	
ALG		Lebensversicherung	
Wohngeld		Sonstige Versicherungen	
Kindergeld		Unterhaltszahlungen	
Erziehungsgeld		Fahrtkosten Bus/Bahn	
Elterngeld		Kfz-Versicherung	
Sonstiges		Kfz-Steuern	
		Benzin/Diesel	

	Monatliche Einnahmen (netto)	*monatliche Ausgaben*
Sonstiges		Lebensmittel
		Genussmittel (Zigaretten, Alkohol, Drogen)
		Sparen/Bausparen
		Kredite
		Hobbys
Gesamteinnahmen:		*Gesamtausgaben:*
		Differenz:

Zur Auswertung: Sollten eure Ausgaben höher sein als die Einnahmen, dann besteht dringender Handlungsbedarf. Hier sind die beiden möglichen Strategien.

1. Weniger ausgeben: Dies gilt für alle absolut notwendigen Dinge des Lebens. Hierzu zählen wir neben Essen, Trinken und Wohnen auch die Vorsorge fürs Alter, die Kommunikation und die Mobilität. In diesen Bereichen solltet ihr die größten Geldfresser identifizieren. Beim Einkaufen von Lebensmitteln kann man sehr effektiv sparen (siehe Seite 64). Bei der Telekommunikation bedeutet eine gute Angebotsrecherche echtes Geld (siehe Seite 168). Die Vorsorge fürs Alter kann man von Fachleuten checken lassen. Wir empfehlen hier die Angebote der Verbraucherzentralen. Sie sind unabhängig und preiswert. Schwieriger wird es schon beim Wohnen und der Mobilität: teurer Lebensraum belastet das Budget nachhaltig, aber eine billigere Wohnung ist oft auch kleiner, schlechter gelegen und so weiter. Außerdem kostet der Umzug ebenfalls viel Geld.

Gleiches gilt fürs Auto. Ein verbrauchsarmer Wagen kann nicht ohne Neuinvestitionen angeschafft werden. Bis zur Amortisation der Ausgaben können da Jahre vergehen. Aber: Brauchst du das Auto wirklich (siehe Seiten 42)?

2. Gar nichts ausgeben: Für alle anderen Dinge des Lebens ist die Regel extrem simpel – lasst es einfach! Rauchen, Alkohol und andere Drogen schaden euch nur. Also, warum dafür auch noch Geld ausgeben? Auch bei den Hobbys kann man sich im Konsumverzicht üben. Es muss nicht der neueste I-Pod oder das leichteste Mountainbike sein. Und das teure Fitness-Studio kann durch einen Sportverein ersetzt werden (siehe Seite 240). Okay, wir wissen, solche Tipps klingen unlustig. Aber habt ihr nun Ebbe in der Kasse oder nicht?

Puh, das Ergebnis ist abtörnend! Wir geben einfach deutlich zu viel Geld aus, und zwar für Leasing, CDs, Abo-Gebühren für Premiere, Raten für den neuen Fernseher.

... Klamotten, SMS, Fitness-Studio, Versicherungen! Insgesamt haben wir ein monatliches Loch von mehreren hundert Euro. Das kann nicht gut gehen, das sehe sogar ich ein.

Ja, so ist das, wenn am Ende des Geldes noch so viel Monat übrig bleibt. Hart, aber ungerecht. Doch Schluss mit Jammern, denn hier kommt die gute Nachricht: Ihr besitzt reichlich Sparpotenzial. Viel Geld geht völlig unnötig hinaus. Mit unseren Profitipps könnt ihr viel sparen, ohne dabei auf alles verzichten zu müssen. Und wenn ihr damit erst mal angefangen habt, dann macht es euch schnell richtig Spaß! Das hat zunächst mal viel mit Selbstdisziplin und gutem Finanzmanagement zu tun.

Welche Versicherungen kann ich mir sparen – und welche nicht?

Nach dem Besuch eines netten Menschen von einer großen Versicherungsgesellschaft ist ja oft gar nichts mehr klar. Durchs Internet kann man sich stundenlang klicken und erfährt minütlich Neues. Effektiv ist beides nicht. Also, was tun, wenn man sich durch den Versicherungsdschungel graben muss?

Was brauche ich denn nun wirklich an Policen? Und was kann ich mir sparen? Wir bringen da etwas Licht ins Dunkel und geben euch einen ersten Überblick:

Must be	
Krankenversicherung	Gesetzlich oder privat – egal, Hauptsache versichert. Grund? Schon ein mittlerer Krankenhausaufenthalt plus OP geht in die Zehntausende Euro. Ganz zu schweigen von den Kosten bei ernsthaften Erkrankungen oder Verletzungen.
Haftpflichtversicherung	Für Privatpersonen (hier sollten auch die Kinder ab sieben Jahre inbegriffen sein) und natürlich auch für Kfz-Halter.

Should be	
Berufsunfähigkeits-versicherung	Jaja, die ist wirklich wichtig! Gerade Neulinge im Arbeitsalltag sollten die BU abschließen, denn zu einem späteren Zeitpunkt wird es nur teurer. Oder ihr kommt gar nicht mehr rein, beispielsweise bei auftretenden chronischen Erkrankungen. (siehe Seite 37)

Auslands-krankenversicherung	Viele Versicherungen bezahlen nur die Behandlung vor Ort. Der gesamte Rücktransport geht dann zu euren Kosten. Je nach Schwere der Erkrankung kann das zu enormen Kosten für den Heimflug führen. Also, besser dagegen versichern. Zusatzversicherungen bietet eure Krankenkasse an.

Could be

Hausratversicherung	Definitiv nicht überlebens-notwendig. Aber wenn ihr euch eure Wohnungseinrichtung schon ein paar Euro habt kosten lassen, dann wollt ihr sie vielleicht auch gegen Brand, Diebstahl, Vandalismus und so weiter versichern lassen.
Risikolebens-versicherung	Schließen klassischerweise junge Familien ab. Sodass für den schlimmen Fall des Todes zumindest ein gewisses finanzielles Polster besteht. Für Paare nur begrenzt sinnvoll.
Unfallversicherung	Nur notwendig, wenn du nicht berufstätig bist (dann nämlich abgedeckt durch BU). Betrifft also Studenten, Azubis, Hausfrauen und -männer sowie Kinder.
Reiserücktritts-versicherung	Auch hier eine klare Einschränkung: Rentiert sich nur bei wirklich teuren Reisen. Den Malle-Trip für 299 Euro würden wir nicht wirklich versichern.

Let it be

Reisegepäckversicherung	Schließen oft zu viele Fälle aus, sodass der Geschädigte in die Röhre guckt.
Private Arbeitslosen-versicherung	Ist zu teuer. Grund: Zu wenig Rendite. Da spart man besser selbst.
Kapital-Lebens-versicherung	Dafür gibt es keine Steuerermäßigungen mehr, und das macht diese Spar- und Vorsorgeform definitiv unattraktiv. Sie ist nicht rentabel und unflexibel. Also Finger weg.

Private Rentenversicherung	**Hier warnen Experten dringend vor einem Abschluss. Die Bedingungen für die Versicherungsnehmer sind denkbar schlecht, es gibt kaum Garantien, und die Kosten sind unklar.**

Keine böse Überraschung mehr, wenn die Versicherung fällig wird

Die Autoversicherung wird meistens vierteljährlich fällig. So kann es in dem Monat, in dem dann die Rechnung abgebucht wird, schon mal eng auf dem Konto werden. Besonders dann, wenn man gar nicht daran gedacht hat und in den Überziehungskredit rutscht.

Mein Tipp: Sämtliche Versicherungen und Kfz-Steuer, die im Jahr fällig werden, addieren, durch zwölf teilen, und diesen Betrag dann jeden Monat aufs Sparbuch überweisen. Wird dann eine Versicherung fällig, ist das Geld schon auf dem Sparbuch und kann einfach aufs Konto umgebucht werden.

Und schon gibt es keine bösen Überraschungen mehr.

Das meint die Jury:

- Diese Idee kann ich nur unterstützen! Die Versicherungen bieten meist aufgrund des Verwaltungsaufwandes einen Rabatt von bis zu fünf Prozent, wenn man einmal im Jahr zahlt. Rechnet man dies auf alle Versicherungen hoch, kommt ein nettes Sümmchen zusammen.

- Vorsicht: Wenn man arbeitslos wird, und das Geld ist auf einem Sparbuch, dann gilt das Angesparte als Vermögen, und das Amt interessiert es nicht, wofür das Geld gedacht ist.

- Bei Arbeitslosengeld I spielt Privatvermögen gar keine Rolle. Ans Eingemachte geht es erst bei Arbeitslosengeld II beziehungsweise Hartz IV.

- Wer wegen einer Versicherungsprämie von vielleicht 50 Euro auf einen Überziehungskredit zurückgreift, hat entweder zu viele sinnlose Versicherungen oder sollte an anderer Stelle sparen, etwa bei Zigaretten oder Alkohol!

- Es ist doch gut, wenn man ein Extra-Konto für solche unvermeidlichen Kosten hat. Das monatliche Beiseitelegen spart bares Geld, nicht nur die fünf Prozent Ratenzahlungszuschlag, sondern auch noch gut drei Prozent Habenzinsen bei Ansparung auf einem Tagesgeldkonto. Haben oder nicht haben?

- Ja und vielleicht noch für die Miete ein Konto, für die GEZ (ist ja auch happig jedes Jahr), für den Kleintierzüchterverein und da und dort noch ein Extra-Konto – da hat man doch irgendwann überhaupt keinen Durchblick mehr.

- Ich denke mal, ein Girokonto, ein Rücklagen-Sparkonto für unangenehme Sachen wie Versicherungen, Steuern und andere Fixkosten und eins für die angenehmen Dinge des Lebens – machen zusammen drei Konten, und das ist sicherlich nicht zu unübersichtlich. Klar, man muss sich zwingen, das Beiseitegelegte auch für den eigentlichen Zweck dort zu lassen. Und wenn es doch nicht anders geht, später eben wieder auffüllen, und wenn auch das nicht funktioniert, dann lebt man wohl über seine Verhältnisse.

- Also, wenn ich die Kommentare hier so lese, wird mir langsam klar, warum alle Welt pleite ist und ich immer Geld habe: Scheinbar ist es bei fast allen absolut unüblich, Geld zurückzulegen – erschreckend! Leute, wenn ihr nicht mal das bisschen Selbstdisziplin habt, frage ich mich, wie ihr durch den Rest eures Lebens kommen wollt.

● Arm, aber lustig!

● Der Tipp ist sehr gut! Ich will das mal an einem Beispiel erklären. Ausgangspunkt ist: Beitrag 1000 Euro. Zahlweise halbjährlich, Aufschlag drei Prozent. Da die Versicherung ja sofort 500 Euro haben will und man trotzdem 30 Euro Zinsen zahlen muss, würde der Zinssatz bei sechs Prozent liegen. Dies würde aber nur gelten, wenn die Versicherung nach zwölf Monaten die nächste Rate will. Sie will aber schon nach sechs Monaten die restlichen 500 Mäuse haben. So dass man 30 Euro Zinsen dafür bezahlt, dass die Versicherung einem für sechs Monate die Summe von 500 Euro stundet. Anders ausgedrückt: Der effektive Zinssatz liegt bei zwölf Prozent.

Schöne Idee. Aber im Moment haben wir nichts, was wir auf irgendein Extrakonto parken könnten – im Gegenteil: Wir zahlen ein Vermögen, weil wir sogar den Dispo überzogen haben. Und erhöhen wollte die Bank den Rahmen auch nicht.

Vielleicht hilft euch dieser Tipp:

Günstiger Kredit vom Arbeitgeber

Wenn ihr euch etwas Größeres leisten wollt oder vielleicht den Dispo auf eurem Konto überzogen habt, dann fragt doch vorher bei eurem Arbeitgeber nach, ob der einen Kredit gewähren kann. Wenn er das tut, sind die Konditionen oft deutlich besser als bei Banken oder anderen Kredithaien, tschuldigung, Instituten.

Das meint die Jury:

● Richtig, ein wertvoller Hinweis. Ich war selbst mal überschuldet und knapp vor der Insolvenz. Jahrelang habe ich mich dann mit der Rückzahlung der Schulden bei verschiedenen Banken gequält.

Schließlich kam mein Chef sogar von sich aus auf mich zu und hat mir angeboten, die Restschuld zu deutlich besseren Zinsen zu übernehmen. Das war eine enorme Erleichterung.

- Bin selbständig und gebe mir grundsätzlich keinen Kredit.
- Ich frage meistens meine Eltern. Die geben mir die Kohle mit den besten Konditionen. *g*

Rechtsschutzversicherung als Werbungskosten angeben

Bei der Steuererklärung kann man die Rechtsschutzversicherung nicht als Sonderausgaben ansetzen. Allerdings haben viele einen kompletten Rechtsschutz für: Verkehr, Privat, Familie und Beruf. Die Kosten für den Berufsrechtsschutz kann man aber als Werbungskosten bei der Anlage N geltend machen. Da der genaue Betrag für den Berufsrechtsschutz meistens nicht angegeben ist, nimmt man (bei der Konstellation Verkehr/Privat/Beruf) ein Drittel der Rechtsschutzversicherungsbeiträge und setzt den Betrag bei den Werbungskosten an. Nicht vergessen: Nachweis beilegen (Kopie).

Das meint die Jury:

- Viele Versicherungen weisen auch den genauen Anteil der Berufsrechtsschutzversicherung auf Anfrage gesondert aus. Einfach mal anrufen und sich für die Steuererklärung einen Nachweis ausstellen lassen. Gehört bei der Versicherung zum Kundenservice.

- Völlig falsch. Man kann *keine* Rechtsschutzversicherung als normaler Arbeitnehmer geltend machen! Du kannst es zwar ins Formular eintragen – es wird dir aber schneller gestrichen, als du gucken kannst.

- Versicherungen sind nur dann »absetzbar«, wenn sie nicht deinen Spaß an Rechthaberei finanzieren oder gar deinen Hausstand

sichern sollen. Das sind reine Vermögens(ab)sicherungen, und da hat Vater Staat kein Interesse dran. Ausnahme: Versicherungen, die dein Gebäude selbst betreffen, aber nicht den Inhalt. Nicht bluffen lassen von Klinkendrückern. ;-)
Etwas anderes sind Versicherungen, die mehr oder weniger zwangsläufig anfallen, wie etwa Haftpflichtversicherungen – von denen sogar jeglicher Art: vom Pferd bis zur Jagdhaftpflicht. Dies schreibt euch ein examinierter Stbv!

• Tja, dann hab ich wohl schon jahrelang für sämtliche Mandanten falsche Bescheide bekommen. Denn bisher wurden doch tatsächlich wie oben beschrieben ausgewiesene Rechtsschutzbeiträge anerkannt (zusätzlich sogar die Hälfte der Unfallversicherung). Im »Finanztest Steuern 2006« steht es auch für alle »Normalos« so drin. Dies schreibt eine kleine blonde examinierte Steuerfa.

• Stimmt, daran habe ich nicht gedacht. Ich frage nicht nach und gebe ein Drittel an.

• Ich als Versicherungskaufmann kann euch bestätigen, dass die Rechtsschutzversicherung absetzbar ist! Meinen Kunden stelle ich die Bescheinigungen auf Wunsch detailliert aus, sodass man auf einen Prozentsatz von 41,83 kommt (bei Privat-, Berufs- und Verkehrsrechtsschutz)! Wer etwas anderes behauptet, hat von Finanzen und Versicherungen keine Ahnung.

• Jede bessere Versicherung wird – zumindest auf Anfrage – den Beitragsanteil ausweisen, der sich auf den beruflichen Rechtsschutz bezieht. Dieser ist im Rahmen der Werbungskosten abziehbar, was natürlich nur Sinn macht, wenn man Werbungskosten hat, die auch den Pauschalbetrag übersteigen.

• Kleiner Tipp zu Steuer und Finanzamt: Ein Geschäft ist erst dann ein Geschäft, wenn ich dem Finanzamt nachweisen kann, dass es kein Geschäft war!! Kenner wissen, von was ich rede.

Einkommensteuererklärung: Lohnsteuerhilfe statt Steuerberater

Lohnsteuerhilfevereine sind in der Regel wesentlich billiger als Steuerberater! Vergangenes Jahr habe ich einen Lohnsteuerhilfeverein ausprobiert. Der Steuerberater dort hatte zwar keinen Anzug an, aber für die Ersparnis könnte ich ihm auch noch einen kaufen. :-)

Die Preise sind vom eigenen Einkommen abhängig, liegen aber ca. zwischen 51 und 230 Euro pro Jahr. Eventuell kommt noch eine einmalige Aufnahmegebühr hinzu, die von Verein zu Verein unterschiedlich ist. Die Vereine dürfen aber nur für Arbeitnehmer tätig werden. Also einfach mal in der Suchmaschine nach Lohnsteuerhilfe suchen.

Das meint die Jury:

- Wieso einen Lohnsteuerhilfeverein? Kauf dir doch einfach ein Programm für deine Steuererklärung. Damit kannst du deine Steuererklärung am PC erstellen, ausdrucken oder – wenn du möchtest – auch per Internet zum Finanzamt senden.

- Stimmt. Da ich Steuerfachangestellte bin, weiß ich, dass die Programme völlig ausreichen – selbst für Laien!

- Lohnsteuerhilfevereine muss man sich gut aussuchen: Es gibt leider viele schwarze Schafe, die dich abzocken wollen. Mein Tipp: Belege sammeln bis der Arzt kommt (auch die Gebissrechnung deines Kanarienvogels) und den ganzen Ramsch an das Finanzamt schicken (Ordnung fördert allerdings den Anerkennungswillen der Beamten). Die Leute verstehen ihr Fach. Für reine Lohnempfänger rechnet sich aber der Gang zum Steuerberater in den seltensten Fällen, da es nur um wenige Euro geht.

● Die Beratung kann nie ersetzt werden, frag mal dein gekauftes Programm bei einer kurzfristigen Änderung in deinem Leben! Was? Keine Antwort?

● Vorsicht bei Nachbarschaftshilfe! Wenn das Finanzamt davon erfährt, kriegt man Ärger. Es ist verboten, anderen bei der Lohnsteuererklärung zu helfen.

● Hä? Ich mache seit vier Jahren für Leute im Bekanntenkreis ohne PC deren Steuererklärung und reiche die erforderlichen Unterlagen beim Finanzamt ein. Meist habe ich für sechs Leute die Unterlagen abzugeben, bin aber deswegen noch nie in Schwierigkeiten gekommen.

● Lies mal die Paragraphen zwei bis sechs des Steuerberatungsgesetzes. Danach solltest du vielleicht nochmal überdenken, ob die Hilfestellung bei der Erstellung der Einkommensteuererklärung durch jede Person möglich ist. Die Steuerberaterkammer freut sich über die Bußgeldeinnahmen.

● Die Menschen beim Lohnsteuerhilfeverein haben aber leider keine Ahnung. Da investiere ich lieber ein paar Euro mehr.

● Da kann ich nur lachen. Ich bin seit fast zwölf Jahren Beratungsstellenleiter im Lohnsteuerhilfeverein und versuche seitdem, alles für meine Mandanten (die ja meine Arbeitgeber sind) herauszuholen. Ich denke, dass es in jeder Branche sowohl Könner als auch Nichtkönner gibt. Zu den vielen tollen Programmen – egal ob für 6,99 Euro oder 80 Euro: Ich arbeite nach wie vor nur mit selbst erstellten und jährlich aktualisierten Programmen, da die Eingabe in gekaufte Programme viel zu kompliziert ist.

● Ein Wort zu allen, die meinen, die Steuerberatung wäre viel zu teuer, jeder Lohnempfänger könne sie alleine machen. Nur weiter so – Vater Staat kann damit sehr gut leben, dass keine Rückerstattung zu viel gezahlter Steuern beantragt wird. Aus meiner Erfahrung kann ich nur sagen: Bei jedem vierten Steuerbescheid gehe ich in Einspruch und hole dort noch Geld raus. Welche Möglichkeiten hat Otto Normalverbraucher, einen Steuerbescheid zu prüfen? Hier geht die Geiz-ist-geil-Methode nach hinten los.

Vielen Dank, Jungs. Das sind ja schon mal ein paar sehr hilfreiche Tipps. Und wenn man erst mal damit anfängt, fallen einem auch ständig Sachen ein, bei denen man sparen kann. Als ich neulich etwa Shoppen war, wurde mir eine Kundenkarte angeboten, bei der ich Punkte sammeln kann und nette Rabatte bekomme.

Wie in Flensburg?

Nein, Bonuspunkte, keine Strafpunkte. Ich fand das einleuchtend.

Na, ich bin da nicht so sicher. Ist das nicht auch einfach Verarsche? So von wegen Leute ausspionieren? Immerhin können die sich ja merken, was du wo gekauft hast.

Das würde mich bei dir auch mal interessieren: Was du wo gekauft hast! Dann wüssten wir vielleicht besser, wo die ganze Kohle hingeht!

Na, nicht gleich wieder streiten. Ingo hat vielleicht nicht so unrecht mit seiner Skepsis. Wir haben uns diese Kundenkarten mal genauer angeschaut …

Kundenkarten – Spartipp oder Bauernfängerei?

Beim Döner an der Ecke ist sie schon seit vielen Jahren beliebt, die Kundenkarte. Dort ist sie von nicht zu überbietender Einfachheit: Kaufst du zehn Döner, bekommst du einen umsonst. Inzwischen werden wir aber auch von den großen Kaufhäusern, Tankstellen und Einkaufszentren mit Bonussystemen gelockt. Zum Verständnis dieses Systems benötigt man jedoch eher einen Abschluss in Jura, BWL und Astrophysik. Was ist dran an »Happy Digits«, »Payback« & Co? Spart man als Kunde wirklich Geld oder hat man hinterher nur einen verstopften Briefkasten, der vor lauter Werbekatalogen überquillt?

Grob gesprochen ist zumeist ein Tauschgeschäft gemeint, das über Kundenkarten an uns Kunden herangetragen wird. Man tauscht Informationen gegen Rabatte. Wir erhalten die Rabatte, das Unternehmen bekommt dafür Hinweise über unser Einkaufsverhalten. Damit lässt sich prima ein so genanntes Kundenprofil erstellen. Die Unternehmen können dich dann sehr gezielt mit Werbung für bestimmte Produkte ansprechen, die du häufig bei ihnen kaufst. So weit, so klar.

Natürlich hast du finanzielle Vorteile von diesen Karten. Die Rabatte sind echt, die Prämien, die du über Bonuspunkte erwerben kannst, sind ebenfalls echt. Also kann man hier sparen. Allerdings rechneten Stiftung Warentest und Verbraucherschützer nach: Nur magere 0,25 bis maximal drei Prozent Nachlässe erhalten die Kunden in der Regel durch die großen Bonuskartensysteme. Das ist tatsächlich nicht viel. Oft kann es lohnender sein, die Ware in einem anderen Geschäft zu kaufen, weil dort der Preis auch ohne Bonus niedriger ist. Allerdings gilt das nicht für alle Kartenanbieter. Und bei Sachpreisen ist eine genaue Berechnung der Rabatthöhe sowieso nicht möglich.

Gelegentlich besitzt eine Kundenkarte weitere Vorteile: In einigen Kaufhäusern kann man mit ihr Kleidung zur Auswahl mit nach Hause nehmen, dort anprobieren und dann wieder zurückbringen. Ein bekanntes skandinavisches Möbelhaus beglückt seine »Familienmitglieder« mit einer Transportversicherung und kostenlosen Papiertüten. Manche Unternehmen informieren ihre Karten-Kunden bevorzugt und frühzeitig über Angebote und Schnäppchen.

Nun zur anderen Seite des Tauschhandels: Gerade bei den großen Rabattsystemen übergibt man den Anbietern eine Menge persönlicher Daten. Was die Unternehmen damit anstellen, steht meist relativ unverständlich im Kleingedruckten, das gerne mal überlesen wird. Bekannt wurde beispielsweise ein Fall, in dem dort die Weitergabe der Informationen an »unberechtigte Dritte« ausgeschlossen wurde. Was dort nicht stand: Wer für die Daten zahlt, ist hingegen ein »berechtigter Dritter«, erhält also gegen Cash alle Informationen über mich, die ich dem Kartenanbieter übermittelt habe.

Natürlich kann dir das jetzt einfach Wurst sein. Ich habe doch nichts zu verbergen, wirst du dir vielleicht jetzt denken. Das ist natürlich schön für dich. Doch unserer Meinung nach gilt hier auch, was schon für das Internet gilt: Sei vorsichtig bei den Informationen über dich, die du teilweise über Jahre hinweg öffentlich zugänglich machst. Vor zehn Jahren hätte auch noch niemand daran gedacht, dass inzwischen jeder halbwegs gewiefte Personaler bei einer Bewerbung ein Internetprofil von dir über Google erstellt. Und ob da die Fotos von der irren Party zu Silvester 2004 noch so gut kommen …

Deshalb gilt: Immer genau die Geschäftsbedingungen prüfen. Gibt das Unternehmen die Daten an Dritte weiter oder werden sie nur intern verwendet? Es kann auch sein, dass die Daten innerhalb einer Unternehmensgruppe oder einem Zusammenschluss aus mehreren Unternehmen verteilt werden.

So passiert es schnell, dass die Adresse die große Runde macht, und der Briefkasten läuft über.
Zusammenfassend lässt sich sagen: Nichts falsch machen kann man bei Bonuskarten einzelner Unternehmen, bei denen du keinerlei persönliche Daten hinterlegen musst. Sie dienen ausschließlich der Kundenbindung, du erhältst deinen festgeschriebenen Rabatt, basta. Bei allen weiteren Kartensystemen ist zumindest Skepsis angebracht. Wer dabei genau hinschaut, kann durchaus sparen. Doch der Ertrag scheint begrenzt zu sein.

Nicht zu unterschätzen ist auch der Jäger- und Sammeltrieb. Eine Freundin besitzt inzwischen zehn verschiedene Töpfe (sie lebt allein), nur weil es diese so günstig für eine bestimmte Anzahl von Bonuspunkten in ihrem Supermarkt gibt.

Ja, Vorsicht auch in anderen Bereichen, wo noch etwas scheinbar ultimativ Günstiges auf das Angebot »draufgepackt« wird, um es scheinbar attraktiver zu machen.

Bei Baufinanzierung auf den Gesamteffektivzins achten!

Viele Banken und Bausparkassen locken ihre Kunden immer wieder mit so genannten Sonderkreditprogrammen. Doch Vorsicht. Die Konditionen sind oft irreführend.

Die Sparraten für den Bausparvertrag sind im so genannten anfänglichen Effektivzins nicht enthalten. Unterm Strich ist es meist teuer. Lasst euch bei so genannten Bausparangeboten/Kombiprodukten immer den Gesamteffektivzins inklusive aller Kosten schriftlich geben. Wohl gemerkt: nicht den Effektivzins, sondern den Gesamteffektivzins. Ihr werdet euch wundern.

Bausparen ist als Voraussparen grundsätzlich sehr sinnvoll, nicht aber zum Sofortfinanzieren.

Das meint die Jury:

- Hat mich in meiner Entscheidung bestärkt, ein entsprechendes Angebot von einem Berater einer Bausparkasse abzulehnen.

- Vollkommen korrekt, der Tipp. Überhaupt immer schön nach den Kosten von Bausparverträgen, Lebensversicherungen und so weiter fragen. Denn die werden oft nicht richtig offengelegt, aber hier wird eure Rendite beschnitten!

Kosten? Was meinen die mit »Kosten«? Das, was ich da monatlich reinzahle?

Nein, das sind deine Beiträge. Aber die Versicherungsgesellschaft zieht einen Betrag X für Verwaltung und so ab. Das steht natürlich nicht fett auf der ersten Seite, sondern meist versteckt im berüchtigten Kleingedruckten. Doch genau an dieser Stelle lohnt sich der Vergleich. Wer sparen will, sucht sich Anbieter, die hier geringe Beträge verlangen.

Ach, dieses ganze Versicherungsgedöns ist mir sowieso ziemlich schnurz. Ich lebe doch total entspannt im Hier und Jetzt. Was in 20 Jahren passiert, ist mir ehrlich gesagt ziemlich schnuppe.

Hallo! Jemand zu Hause bei dir da oben? Wenn du dich jetzt nicht darum kümmerst, dann wirst du das in 20 Jahren bitter bereuen. Schon mal was von »Versorgungslücke« gehört?

Das kenne ich! Am Samstagabend, meine Kumpels und ich sitzen vor der Sportschau. Plötzlich ist das Bier alle, keine Flasche mehr aufzutreiben. Am Schluss muss immer einer zur nächsten Tanke fahren – das ist eine echte Versorgungslücke! Kommt immer wieder vor. Toll, wenn es da endlich mal eine Versicherung dagegen gibt.

Du kaufst das Bier an der Tankstelle? Kein Wunder, dass unsere Haushaltskasse am Wochenanfang immer so leer ist!

Ingo, Ingo, was soll mal aus dir werden, wenn du groß bist?

Ach, ich werde mal Millionär! Ich weiß zwar noch nicht wie. Aber vielleicht habt ihr ja einen Tipp?

Nicht wirklich, Ingo, sonst würden wir längst auf genau der Südseeinsel liegen, auf der du mit Kathrin gewesen bist. Aber schau mal, wir rechnen dir mal etwas vor.

Mit 50 Euro pro Monat zum Millionär?

Kann man mit 50 Euro pro Monat irgendwann Millionär werden? Wir rechnen euch verschiedene Anlagemöglichkeiten durch – natürlich ohne Gewähr, denn Zinssätze und Aktienkurse sind nicht vorhersehbar.

	10 Jahre	*20 Jahre*	*30 Jahre*	*50 Jahre*	*70 Jahre*	*Millionär?*
Sparstrumpf (0 %)	6000	12 000	18 000	30 000	42 000	Nö
Tagesgeld (3 %)	7782	16 587	29 383	68 992	140 990	Nö

	10 Jahre	*20 Jahre*	*30 Jahre*	*50 Jahre*	*70 Jahre*	*Millionär?*
Schatzbriefe (5 %)	7831	20 505	41 150	99 508	364 130	Nö
Aktienfonds (DAX)* (etwa 8 %)	9172	28 866	71 383	361 349	1 712 868	Jaaaa!!!!

* Eine Berechnung der erwartbaren durchschnittlichen Wertsteigerung ist natürlich komplett unmöglich. Hier ist ein grober Durchschnittswert angenommen, berechnet aufgrund der historischen Entwicklung des DAX unter bestimmten Annahmen (Gebühren etc.). Mehr Infos hierzu: http://verbraucherschutz.wtal.de/historische-rendite-deutscher-aktien.htm

Fazit: Ist nicht ganz einfach, mit 50 Kröten monatlich mal Millionär zu werden. Man braucht in jedem Fall einen extrem langen Atem und etwas Glück bei der Geldanlage. Ach ja, und versteuert ist das alles natürlich auch noch nicht ;-)

In 70 Jahren? Super, da kann ich mir dann endlich einen neuen Rollstuhl für die Ausfahrten im Altersheim leisten, wenn ich das überhaupt erleben sollte.

Ich finde das sehr spannend, danke, Jungs! Das mit dem Zinseszins ist immer so abstrakt, aber wenn man mal konkrete Zahlen sieht, dann leuchtet es ein, warum man früh mit dem Sparen anfangen soll.

Okay, Sparen ist ja gut. Aber diese ganzen Versicherungen, die du dir da hast aufschwätzen lassen, die halte ich doch zum größten Teil für überflüssig.

Nicht alle Versicherungen sind überflüssig. Und manche sind auch einfach unvermeidbar. Wie etwa die Kfz-Versicherung.

Jährlich Kfz-Versicherung testen

Unser Finanzberater hat uns neulich diesen Tipp gegeben: Jährlich im November die Kfz-Versicherung zu testen. Das macht etwa die Stiftung Warentest für 15 Euro. Das Ergebnis war beeindruckend. Obwohl wir bei einem billigen Direktversicherer waren, fand die Stiftung Warentest einen Anbieter, der knapp 100 Euro billiger ist! PS: Bis zum 30. November jeden Jahres kann man wechseln!

Das meint die Jury:

- Abgesehen davon sollte man sich angewöhnen, alle Versicherungen einmal im Jahr zu prüfen – auch bei anderen Versicherungen gibt es durch neue Tarife/Rabattmöglichkeiten Sparpotenzial – oft genug muss man nicht einmal wechseln, selbst bei der eigenen Versicherung kann man durch einfaches Nachfragen mehrere Euro sparen.

- Dasselbe gilt für Strom und in Grenzen für Gas.

- Guter Tipp, habe ich gerade gemacht. Ersparnis: 113 Euro im Jahr!

Autoversicherung günstiger auf dem Land

Wer bei der Autoversicherung sparen will und noch einen Wohnsitz in einer ländlichen Gegend anmelden könnte (bei den Eltern z. B.), der sollte seine Karre auf jeden Fall dort anmelden. Das kann bei der Autoversicherung pro Monat zwischen zehn und 15 Euro günstiger sein. Probiert es selbst aus bei Online-Versicherungsvergleichen. Ein einfacher Wechsel von HH (Hamburg) auf OD (Oldesloe) ist ein gutes und lohnendes Beispiel.

Das meint die Jury:

- »Nach dem bisher geltenden Zulassungsrecht galt das Standortprinzip, nach dem ein Fahrzeug dort zuzulassen war, wo sein regelmäßiger Standort ist. Nach § 46 Abs. 2 FZV ist für Privatpersonen nun ausschließlich die Zulassungsbehörde des Hauptwohnsitzes zuständig; eine Zulassung am Zweitwohnsitz wegen einer günstigeren Regionalklasse ist jetzt nicht mehr möglich.« Siehe auch: www.stvzo.de

- Um den Zweitwohnsitz geht es ja nicht. Das geht nämlich in der Tat nicht mehr. Man kann aber das Auto bei den Eltern anmelden. Dann sollte der Versicherungsnehmer, also der Vater oder die Mutter, selbst kein Auto haben. Und man sollte beachten, dass die Unfallfreiheit auch eine Rolle bei der Berechnung spielt. Die gute Mutti würde nämlich bei 100 Prozent anfangen, auch wenn man selbst auf 70 Prozent runter ist. Man ist dann nur noch der Fahrer, aber nicht mehr der Halter. Ganz nebenbei fragen Versicherungen auch nach dem Fahrer und dem Halter. Im Schadensfall können sie die Leistungserbringung verweigern, weil der Fahrer nicht der Eigentümer des Fahrzeuges ist. Dafür ist dann seine Haftpflichtversicherung zuständig, die aber einen Vogel zeigen wird. Heikle Sache, die viel Vertrauen fordert.

- Mit dem Zweitwohnsitz geht das in der Tat nicht. Sollte man aber – und sei es nur für kurze Zeit – seinen Hauptwohnsitz dort haben, dann kann man sein Auto dort legal ummelden. Dumm nur, wenn man beim erneuten Ummelden an den alten Hauptwohnsitz vergisst, das Auto wieder zurückzumelden. Dann läuft die Versicherung nämlich auf dem billigeren Tarif weiter. Aber es wird ja schon jeder aufpassen, dass er das nicht vergisst, und bei den Fragen auf dem Einwohnermeldeamt genau nachdenken, ob er ein Auto hat – dort nein sagen und das Auto am alten Hauptwohnsitz angemeldet lassen, das wäre nämlich nicht legal … ;-)

Jo, das kann man schon mal vergessen, so was! Aber mal ehrlich, dieser Herr König von der St.-Pauli-Ludwigsburger-Versicherung hat Kathrin einfach viel zu viel aufgeschwätzt: Berufshaftpflicht, Glasbruch-, Fahrradversicherungen, irgendwelche Reisepakete, Insassenunfallversicherung, Berufsunfähigkeit –

Stopp, die Berufsunfähigkeit ist tatsächlich auf keinen Fall unnötig! Die ist sogar extrem wichtig, seit der Gesetzgeber hier den großen Schwaben markiert.

Achtung! Nicht am falschen Ende sparen

Die Berufsunfähigkeitsversicherung (BU) – besser heute als morgen abschließen

Wer sich nicht frühzeitig eine Berufsunfähigkeitsrente zulegt, hat definitiv am falschen Ende gespart. Seit einigen Jahren hat unser Vater Staat nämlich die finanzielle Absicherung von Menschen, die wegen Krankheiten oder Behinderungen berufsunfähig werden, radikal zusammengekürzt. Das Ergebnis: Heute erhält man in diesem schlimmen Fall nur noch höchstens 750 Euro Rente aus staatlichen Kassen. Das ist zum Leben zu wenig und zum Sterben zu viel, wie es so treffend heißt. Deshalb sollte sich heute absolut jeder eine BU zulegen. Sie gilt mit der Privathaftpflicht und der Krankenversicherung als unbedingtes Muss für Singles und junge Paare! Zudem empfiehlt es sich dringend, dies frühzeitig zu tun. Warum? Aus zwei einleuchtenden Gründen: Erstens bezahlt man als junger Mensch einen deutlich niedrigeren Beitragssatz. Und zweitens steigt ab den Dreißigern die Gefahr, an einer chronischen Krankheit zu leiden. Sobald du so etwas hast, nimmt dich keine Versicherung

der Welt mehr auf, egal wie schwer die Erkrankung tatsächlich ist. Du hast sozusagen alle Chancen verspielt.
Bei der BU stehen euch verschiedene Möglichkeiten offen: eine reine BU, eine BU in Verbindung mit einer Risikolebensversicherung (hier wird dein Todesfall versichert) oder eine BU in Verbindung mit einer Kapitallebensversicherung (hier sparst du über einen sehr langen Zeitraum Kapital an). Nur von letzterem Modell raten manche Experten ab. Bei den Anbietern für eine reine BU liegen die Beitragssätze teilweise sehr weit auseinander. Ja, da hilft alles nichts – am besten arbeitet ihr euch in die Materie ein und lest vor allem das Kleingedruckte gründlich. Unabhängige Analysten sind sich jedenfalls einig, dass Beitragshöhe und Qualität der Leistungen nicht immer ursächlich miteinander zusammenhängen. Also kann man hier doch auch wieder etwas Geld sparen, nur eben am richtigen Ende!
Hier sind noch ein paar Punkte, auf die ihr achten solltet, bevor ihr den Vertrag unterschreibt:

- »Verzicht auf Abstrakte Verweisung«: Kurz und knapp bedeutet abstrakte Verweisung, dass dich die Versicherung im Versicherungsfall auf (irgend-)einen anderen Beruf verweisen kann. Wer das nicht möchte, sollte darauf achten, dass diese Klausel enthalten ist.

- »Verpflichtung zur Umschulung«: Auch das ist aus unserer Sicht eine heikle Sache. Denn solltest du im Vertrag dazu verpflichtet sein, erlischt nach der Maßnahme die Zahlungspflicht – auch wenn du keinen Arbeitsplatz finden solltest!

- »Dynamisierung der Rente«: Um auf die Inflation zu reagieren, sollte eine Steigerung in die Rente eingebaut werden. Sprich: Es sollte auf die Dauer mehr Kohle rüberkommen.

- »Arztanordnungsklausel«: Ist diese Klausel enthalten, kann dich die Versicherung zu einem Arzt ihrer Wahl schicken. Das ist natürlich nicht so gut. Besser ist es, bei deinem bisherigen Doc bleiben zu können, der dir wohlgesonnen ist.

- »Stundung der Beiträge während der Prüfung des Anspruchs«: Dies wiederum halten wir für gut. Solltest du einen Antrag auf Berufsunfähigkeit einreichen, werden deine Beitragszahlungen so lange ausgesetzt, bis es zu einer Anerkennung oder Ablehnung kommt. Du sparst also Kohle.

- »Auszahlungsbedingungen«: Perfekt ist es, wenn du im Zahlungsfall das Geld rückwirkend ab dem Tag erhältst, an dem du berufsunfähig geworden bist.

- »Versicherungs- und Leistungsdauer«: Die Versicherung sollte den Zeitraum bis zum Eintritt in den Ruhestand absichern. Manche Versicherungen gelten nur bis zum 55. Lebensjahr. Nicht gut!

- »Nachversicherungsgarantie«: Bei bestimmten Ereignissen bieten manche Versicherer eine Nachversicherung. Dies kann etwa die Geburt eines Kindes sein oder ein Jobwechsel mit einer saftigen Einkommenssteigerung. Eine solche Garantie ist also gut.

Diese Liste ist natürlich nicht vollständig, es kommt immer auf den Einzelfall an, weshalb wir eine zusätzliche individuelle Prüfung (durch einen Fachmann!) empfehlen.

Ja, genau, das ist voll wichtig! Ich habe keine Lust, dich durchzufüttern, wenn du mal nicht mehr arbeiten kannst. Bei deinem Grundumsatz reicht es dann höchstens noch für Hundefutter.

Ein bisschen recht hat Ingo allerdings schon. Der Bund der Versicherten (BdV) etwa hat kürzlich wieder vorgerechnet, dass in deutschen Haushalten Tausende Euros im Jahr in unnötige oder überteuerte Policen fließen. Paradebeispiel sei etwa die Reisegepäckversicherung. Hier schränken die meisten Versicherungen den Versicherungsfall so stark ein, dass man am Ende für den Verlust des Gepäckstücks wahrscheinlich sowieso keine Kohle sieht. Der Grund: Gerade bei Reisegepäck wurden die Versicherungen wohl viel betrogen. Ein anderes Beispiel ist die Krankenhaustagegeldversicherung. Hier erhält man nur für die Tage im Krankenhaus zusätzliche Leistungen. Oft genug ist man nach einem Aufenthalt in der Klinik noch längere Zeit zu Hause. Das finanziert aber nur eine Krankentagegeldversicherung. Bei der ersten Variante, so der BdV, stünden Beiträge und Leistungen in keinem vernünftigen Verhältnis.

Wie wild weiterklicken …

… anleger-zirkel.de
… banktip.de
… bund-der-versicherten.de
… finanztest.de
… forum-schuldenberatung.de
… stiftung-warentest.de
… stu-kv.de
… tarifchecks.de
… verbraucher.de

Sparen @ Mobilität

Ingo: Was für ein besch… Tag! Gerade habe ich meinen Alfa Romeo Spider beim Händler zurückgegeben. Kathrin hat mir dermaßen die Hölle heiß gemacht. Dabei war die Finanzierung doch so günstig. Null Prozent effektiver Jahreszins! Quasi geschenkt also. Nur meiner Liebsten konnte ich das nicht so ganz plausibel machen. Schließlich wären jeden Monat fast 300 Euro vom Konto weggegangen. Ohne Sprit und Versicherung, versteht sich. »Wo sind da bitte schön deine null Prozent?«, hat sie mich gefragt. Na, am Ende habe ich dann eingesehen, dass das in unserer Situation nicht mehr tragbar ist. Ich wusste erst gar nicht, ob man aus dem Leasingvertrag wieder herauskommt. Aber glücklicherweise hat uns Kathrins Vater seinen Anwalt »ausgeliehen«. Und der sagte: Bis zwei Wochen nach Abschluss kann man den Leasingvertrag noch rückgängig machen. Also bin ich schweren Herzens hin und habe meinen roten Traumflitzer zurückgegeben. Mann, war das bitter.

Kathrin: Ja, es war schon ein wirklich schönes Auto. Aber wir haben doch auch noch meinen hübschen Polo.

Ingo: Aua! Was für ein Abstieg! In den kann man nicht einsteigen, den muss man sich anziehen, so klein ist der!

Kathrin: Wenn er dir nicht passt, kannst du ja mit den ÖVis fahren! Sind sowieso die billigere Variante, stimmt es, Muttis?

Muttis: Ganz recht, Kathrin. Billiger, umweltfreundlicher, aber eben nicht mit diesem Hauch von *dolce far niente*, den ein italienischer Sportwagen hat. Doch hier geht es schließlich um die Fakten und nicht ums Image.

Was kostet uns der Personenverkehr?

Es ist gar nicht so einfach, die reinen Endverbraucherkosten im Nah- und Fernverkehr zu bestimmen. Nach einer längeren Recherche konnten wir folgende Tabelle zusammenstellen. Die Ergebnisse sind zum Teil doch erstaunlich: Der Bus schneidet als Verkehrsmittel sowohl vom Verbrauch als auch vom CO_2-Ausstoß sehr gut ab, besser sogar als die Bahn. Ungeschlagen ist natürlich das Rad, wenn auch nur bedingt für Strecken über zehn Kilometer einsetzbar. Für die eigene Gesundheit tut man dabei in jedem Falle etwas. Interessant übrigens: Auf dem Rad ist die Feinstaub-Belastung deutlich geringer als in einem Pkw. Der Grund ist wohl die geschlossene Fahrgastzelle, in der sich das schädliche Gemisch lange hält.

	Durchschnittsgeschwindigkeit (km/h)	*Verbrauch (Liter Benzin/ 100 km)*	*Preis (€/km)*	*Emission (mg CO_2/km)*
Rad	15	0	0,01**	0
Bus	60	2,4	—*	56
Bahn	140	3,1	0,15	79
Auto	75	6,2	0,47	202
Flugzeug	500	5,8	—*	369

Quellen: Die Grünen, Umweltbundesamt, Bayerisches Landesamt für Umwelt, Wikipedia

* Durchschnittswerte nicht seriös zu ermitteln.

** Symbolischer Cent für Abnutzung.

Bei Bahnen und Bussen besteht ein erheblicher Unterschied zwischen Fern- und Nahverkehr. Hier wurde das Mittel genommen.

Das ist doch nicht euer Ernst, Muttis! Soll ich jetzt die ganze Zeit Radfahren? Geht übrigens gar nicht, denn gerade neulich wurde mir mein altes Fahrrad, mit dem ich durch die Stadt geeiert bin, einfach so geklaut.

»Einfach so geklaut.« Die Wahrheit ist, dass Ingo mit seinen Kumpels mal wieder ein paar Hopfenkaltschalen zu viel konsumiert hatte. Und als sie dann von Kneipe zu Kneipe zogen, hat mein lieber Mann wohl sein Fahrrad nicht richtig abgeschlossen. Und dann war es halt weg. Klarer Fall von selber schuld!

Das bescheuerte Schloss funktioniert nicht richtig. Man kann nie sehen, wann es wirklich schließt. Zudem war es sehr nebelig an diesem Abend. Das hat sicher auch den Dieb ermuntert.

Vor allem deine alkoholische Benebelung hat ihn ermuntert!

Ingo, gegen den Nebel können wir nichts machen. Aber gute Schlösser sind tatsächlich gar nicht so teuer, wie Deutschlands Warenprüfer Nummer eins herausgefunden haben. Wir fassen das mal für dich zusammen.

Fahrrad effektiv mit einem Schloss sichern – und Geld sparen

Wer die Situation schon mal erlebt hat, hasst sie: Es ist spät, man möchte nur noch nach Hause radeln, um sich ins warme Bett zu kuscheln. Doch der treue Drahtesel steht nicht mehr da, wo man ihn vor wenigen Stunden abgestellt hat. Kurze Zeit später hat man hinter alle Ecken in der näheren Umgebung geschaut und ist sich nun sicher: Das Fahrrad wurde geklaut!

Dieses Schicksal ereilt in Deutschland mindestens 400 000 Menschen jährlich. So viele Diebstähle meldet die Polizei in etwa, eine hohe Dunkelziffer kann zudem angenommen werden. Wer sich dagegen schützen will, kann das in allererster Linie mit einem sicheren Schloss tun. Nur, welches Schloss ist tatsächlich gefeit gegen schurkische Angriffe? Und was kostet mich der Spaß? Überraschenderweise erstaunlich wenig.

Erfahrungsgemäß arbeitet ein Fahrraddieb unter einem gewissen Zeitdruck. Je länger er an dem Schloss hantiert, desto größer wird die Entdeckungsgefahr. Experten von der Polizei und der Stiftung Warentest gehen davon aus, dass der normale Langfinger im Schnitt drei Minuten investiert, um die Sicherung zu knacken. Hält das Schloss stand, macht er sich mit leeren Händen aus dem Staub. So lange sollte eine Sicherung also mindestens halten, um dem Fahrradbesitzer nicht nur als unnötiger Ballast zu dienen.

Bei den angebotenen Modellen schneiden gerade dünne **Kabelschlösser** für wenige Euro sehr schlecht ab. Diese Vorrichtungen – im Radler-Jargon ironisch »Geschenkbänder« genannt – lassen sich mit einem Seitenschneider oder einer Metallsäge innerhalb von Sekunden knacken. Massive **Bügelschlösser** stehen hier am anderen Ende der Skala: Sie sind extrem widerstandsfähig und lassen sich zwar auch aufbrechen, aber nur unter enormem Zeit- und Kraftaufwand. Allerdings sind diese Modelle sehr schwer und unflexibel. Die einschlägigen Anbieter wollen für solche Produkte oft deutlich über 50 Euro. Aber die Überraschung: Die Stiftung Warentest nennt in ihren Tests gute Modelle ab 18 Euro!

Wohlgemerkt: Auch das stärkste Schloss nutzt sehr wenig, wenn das Rad damit nicht an einem festen Gegenstand (Straßenschild, Zaun usw.) angebunden ist. Deshalb bietet der Markt eine flexible Alternative: so genannte **Panzerkabelschlösser**. Sie bestehen aus deutlich widerstandsfähigerem Stahl

als die einfachen Kabelschlösser und sind trotzdem leicht biegsam. Die Preise für ausreichend hohe Qualität beginnen hier sogar schon bei zehn Euro. Wir empfehlen für weitere Informationen die Homepage der Stiftung Warentest, die in regelmäßigen Abständen die gängigen Modelle auf dem Markt testet.
Noch ein Tipp: Mit guten Schlössern kann man nicht nur eine Menge Ärger und die Ausgaben für ein neues Rad sparen. Auch die Beiträge zur Fahrraddiebstahlversicherung lassen sich senken – falls man eine solche Police hat. Welche Produkte die Versicherungen akzeptieren, könnt ihr auf der Homepage des Verbandes der Schadenverhütung VdS nachlesen: www.vds.de/Zweiradschloesser.585.0.html

Fahrrad einfach sichern in üblichen Fahrradständern

Es gibt die verschiedensten Konstruktionen von Fahrradständern. Leider allzu häufig findet sich die Variante »Metallrohrständer mit Klemmschlitzen« für das Vorderrad. Sichere Bügelschlösser sind meistens zu kurz, um den Rahmen mit einzubeziehen. Was nun? Die Lösung ist so einfach!

Man stelle das Fahrrad einfach mit dem Hinterrad in den Klemmschlitz, und dann kann man das Fahrrad auch mit einem Bügelschloss mit Metallrohr und Rahmen sicher verbinden.

Das meint die Jury:

- Und dafür ist dann, wenn ich wiederkomme, mein teures Vorderrad mit Nabendynamo weg.

- Ich würde ja nie mein teures Rad in so einen Fahrradständer stellen, da das Risiko zu groß ist, dass mir das Laufrad verbiegt. Lieber danebenstellen und mit dem Ständer abschließen.

- Da steht aber schon mein Hollandrad!

- Ich stelle es immer dazwischen, so bekomme ich Vorderradrahmen und Ständer zusammen.

- Habe mir auch für 20 Euro meine Schnellspanner gegen ein ebenfalls sehr leichtes Aluminiumsystem ausgetauscht, bei dem man einen Fünfkantschlüssel hat. Passt nur auf dieses System.

Interessant! Aber noch eine Frage: Mir fliegt immer wieder die Kette herunter, und bis ich die wieder drauf habe, sehen meine Finger aus wie nach einer Zehn-Stunden-Schicht Ölwechsel. Habt ihr da vielleicht einen Tipp für mich?

Kein Problem. Zum Thema Sauberkeit wissen wir Schwaben immer einiges zu sagen.

Schmierfett vom Fahrrad mit Sonnencreme »wegzaubern«

Jeder kennt das: Kette am Fahrrad rausgesprungen, mit Mühe und Not wieder reingefummelt, und nun sehen die Finger aus wie Sau. Die Lösung: Einfach Sonnencreme nehmen (die billigste ist gut genug!), kräftig die Hände damit einreiben und etwas einmassieren. Danach ein Stück Küchenpapier nehmen und das Ganze gründlich abreiben. Jetzt nochmal kurz die Hände mit Wasser und Seife waschen, abtrocknen und fertig!

Das meint die Jury:

- Genauso zu empfehlen ist die gute alte Gallseife. Wie mit normaler Seife Hände einreiben, zwei Minuten rumschrubben – fertig …

- Finde ich gut. Und riecht auch noch angenehm!

- Dafür braucht man keine Sonnencreme. Es funktioniert sogar noch besser mit Pflanzenöl, Butter, Margarine und jedem anderen Fett.

- Aber man bekommt keinen Sonnenbrand beim Kettenwechsel!

- Geht auch so: Bevor ich eine solche Arbeit mache, reibe ich mir die Hände mit Palmolive dünn ein und lasse das Zeug einziehen. Dann geht's an die Arbeit. Wenn die getan ist: Warmes Wasser nehmen und die Hände normal ohne irgendeine Seife waschen. Das Fett und der Schmutz ziehen durch Palmolive nicht in die Haut ein und lassen sich sehr gut entfernen.

Fahrrad mit Backofenreiniger putzen

Fahrradputzen ist immer sehr aufwändig. Leichter geht es mit Backofenreiniger. Fahrrad mit Backofenspray einsprühen, einwirken lassen und dann mit klarem Wasser abspülen. Fertig.

Das meint die Jury:

- Nicht ganz so »scharf« und umweltbelastend wäre womöglich Badreiniger-Spray.

• Das glaub ich, ohne es auszuprobieren! Ofenreiniger ist ein Teufelszeug.

• Rate davon ab: Das Zeug entfettet sehr stark und greift Kunststoffteile an.

• Meine Güte, wie lange wollt ihr denn euren alten Drahtesel treten? Gibt doch so schöne neue Modelle jedes Jahr, da muss das alte doch keine 20 Jahre halten. Also her mit dem kunststoff- und gummiangreifenden Schaum! Hauptsache ohne viel Mühe sauber.

• Äh, man könnte doch auch mit dem dreckigen Fahrrad durch die Gegend heizen – wozu eigentlich putzen? *pfeif*

• Typischer Fall von Putzwahn.

• Ich habe es gleich ausprobiert. Es hat gewirkt. Was der Lack oder die verchromten Teile dazu sagen, sehen wir in einigen Wochen. Backöfen sind innen emailliert und widerstandsfähiger als jeder Lack. Auf die Dauer ist es auch ein teures Vergnügen.

• Noch ein Tipp von mir: Ich nehm zum Ölen, Putzen und so weiter alte Socken. Frottee geht am besten! Über die Hand ziehen und los. Die Hände bleiben fast komplett sauber. Die ganz Mutigen können sogar die dreckigen Socken nehmen, man putzt ja eh an der frischen Luft.

• Das hab ich mal aus Mangel an Putz-»Krempel« versucht. Klappt 1a!

• Selten so einen Schwachsinn gelesen! Wahrscheinlich reinigst du deine Intimzonen auch mit dem Zeugs? Ist auf jeden Fall der sicherste Weg, das Bike zu ruinieren!

Ich sehe ja ein, dass ich in der Stadt mit dem Fahrrad fahren sollte. Aber alles, was über fünf Kilometer Streckenlänge geht, ist mir echt zu anstrengend. Außerdem kommt man im Sommer total ins Schwitzen. Toll, wenn ich zum Geschäftstermin muss und mein Hemd klebt mir schweißnass am Rücken. Und im Winter friert man sich auf dem Rad den Arsch ab! Jetzt mal ehrlich: Können wir nicht auch beim Autofahren noch Kohle sparen?

Klaro, da gibt es schon einige Möglichkeiten. Fangen wir mit dem Klassiker an, den jeder von uns morgens und abends runterbeten sollte:

Intelligentes Autofahren

Bei den steigenden Benzin- und Dieselpreisen hilft es vor allem, die Fahrweise auf »sparsam« umzustellen. Das bedeutet jetzt nicht, dass du ab sofort langsam durch die Lande gurken musst, aber mit ein paar Tricks lassen sich 10 bis 20 Prozent Spritkosten einsparen.

1. An der Ampel: Motor aus! Bereits ab einer Wartezeit von 15 Sekunden lohnt sich das, hat der Auto Club Europa nachgerechnet.

2. Früh hochschalten, mit niedrigen Drehzahlen fahren: Wer seinen Motor nicht ständig voll »durchdappt«, spart richtig Sprit. Gleich nach dem Anfahren bei 20 in den zweiten Gang, bei 30 in den dritten, bei 40 in den vierten und bei 50 in den fünften.

3. Mit 130 auf der Autobahn fahren. Bei 200 km/h kannst du auch Fünfzig-Euro-Scheine verbrennen.

4. Wenn die Ampel rot ist, nicht bis kurz vor die Ampel düsen und dann abbremsen, sondern schon vorher Fuß vom Gas (keine Kupplung drücken!) und ausrollen lassen. Der Motor verbraucht in diesen Sekunden keinen Sprit.

Das meint die Jury:

- Spritsparendste Fahrweise = mit dem Fahrrad fahren.

- Oder auf Erdgas umsteigen. Infos und eine Tankstellenliste findet ihr unter: www.erdgasfahrzeuge.de

- Nummer 1 beobachte ich immer wieder gerne an dem Bahnübergang. Wo man oft bis zu fünf Minuten steht und die Leute munter ihre Abgase in die Luft schleudern.

- Bravo, fünf Punkte – möge es sich rumsprechen!

- Ich verstehe nicht, dass heute jeder Kleinwagen 150 PS haben muss und die Leute gleichzeitig über hohe Spritpreise jammern.

- Weiß jemand, ob es spritsparender ist, wenn man den Gang bei einer längeren Bergabfahrt rausnimmt oder drin lässt?

- Moderne Autos haben Schubabschaltung. Da ist es auf jeden Fall sinnvoller, den Gang drin zu lassen, dann ist der Verbrauch nahezu Null. Allerdings bremst dann der Motor. (Schont aber auch die Bremsen.)

- Es ist ein Irrsinn, dass man ein Fahrzeug mit 1,5 Tonnen beschleunigen und abbremsen muss, um eine Person von durchschnittlich 75 kg von A nach B zu bringen. Rechnet man den Verbrauch pro Person/100 km aus, so ist dies die teuerste Art zu reisen. Die Spritpreise müssten wesentlich teurer werden, damit die Industrie endlich wirklich alternative Konzepte entwickelt.

- Amen.

- Und wenn ich das alles schon seit Jahren tue, wie spare ich dann noch mehr? Immer wieder dieselbe Leier!

● Ist ja nicht jeder so schlau wie du. Die Tipps sind zwar schon länger bekannt, aber darum nicht falsch. Was soll das Gemeckere?

● Den Wagen unausgekuppelt ausrollen zu lassen spart zwar etwas Benzin, der Motor arbeitet aber im Schiebebetrieb, das heißt, alle Lager, Wellen und Übertragungen werden in Gegenrichtung belastet. Da Benzin neben Kraft auch Kühlung liefert, würde ich bei längerer Bergabfahrt nicht unbedingt dauerhaft mit Schubabschaltung fahren. Die Ersparnis beim Benzin erkauft man sich mit höherem Verschleiß.

● Schon vor Jahren gab es im Fernsehen einen Studio-Test: Am selben Auto wurde zweimal der Verbrauch genau gemessen, erst eine Minute Leerlauf, dann eine Minute so oft wie möglich Motor starten und wieder ausschalten (natürlich ohne Gas zu geben!). Ergebnis: Trotz ständigen Startens wurde weniger verbraucht als im Leerlauf, und erst recht, wenn die Wartephase zehn Sekunden oder länger ist. Die anwesenden Techniker versicherten, dass das häufigere Starten keinen erhöhten Verschleiß in der normalen Lebensdauer aller Teile verursacht. Voraussetzung ist natürlich, dass die Batterie noch genug »Saft« zum Starten hat – so sollen sich ja schon Fahrer bei hektischen Startversuchen aus Versehen selbst eingeschlossen haben, und dann schaffte die Batterie es nicht mehr, die Zentralverriegelung wieder zu öffnen! *ggg*

● Das einzig Störende an dieser Sparmethode: Das Radio geht dabei jedes Mal aus und nach sofortigem Wiedereinschalten der Zündung erst mit Verzögerung wieder an.

Sparen beim Tanken

Ich beobachte fast täglich die Preise an den Tankstellen. Mein Fazit: Man kann sehr häufig montags am günstigsten tanken. Zum Wochenende (ab Mittwoch) klettern die Preise in der Regel wieder nach oben. Wer also unbedingt am Wochenende tanken muss, sollte nur so viel tanken, dass es bis zum Montag ausreicht. Meist ist es dann zwei bis drei Cents günstiger.

Das meint die Jury:

- Ein Freund von mir arbeitet an einer Tankstelle und bestätigt das. Montagnachmittags ist es am günstigsten, dann gehen die Preise wieder rauf, bis zum nächsten Montag.

- Bei uns sind die Tankstellen am Montag nicht wirklich billiger. Der billigste Tanktag war häufig der Donnerstag. Aber von billig kann man nun eh nicht mehr sprechen. Wo es geht, benutze ich das Fahrrad.

- Am besten ins Ausland fahren zum Tanken. Ganz einfach!

- Hmm, ich wohne in Kassel …

- Ich arbeite an einer Tankstelle, und eigentlich ist es so, dass das Benzin zum Wochenende billiger wird!

- Na ja, das scheint wohl regional unterschiedlich zu sein, bei uns tankt man dienstags bis freitags am billigsten.

- Bei uns an der südlichen Nordsee Nähe Niederlande ist Mittwoch der günstigste Tag zum Tanken.

- Womit wir die Woche zusammenhätten.

● Und morgens ist es teurer als abends!

● Ich spare Benzin, indem ich alle zehn Geschwindigkeitskilometer einen Gang höher schalte. In der Stadt fahre ich zum Beispiel schon im fünften Gang. Außerdem kann man bei roten Ampeln ruhig einmal den Motor abstellen. Und zur Uni fahre ich mit einer Fahrgemeinschaft.

● Ich tanke schon seit langem nicht mehr in Deutschland. Bayreuth ist nicht so weit weg von Tschechien. So mach ich regelmäßig einen Abstecher rüber ins Nachbarland. Sind zwar 80 Kilometer einfach, aber als Raucher lohnt die Fahrt doch. Noch einen 20-Liter-Kanister in den Kofferraum – so komm ich gut zwei Wochen über die Runden.

● Was wirklich hilft, ist ein entsprechender Fahrstil. Das bringt mindestens 20 Prozent Einsparung im Vergleich zu einem Euro pro Tankfüllung! Also: 80 bis 100 Sachen statt 150!

● Na, ein bisschen Spaß soll es ja auch noch machen. Deshalb sage ich: 200 km/h fahren, und dafür tanke ich montags um sieben.

● Mit folgender Taktik kann man richtig Kohle sparen, ohne das ewige Auf und Ab im Auge behalten zu müssen: Man tankt immer zu den momentan günstigsten Preisen randvoll und überbrückt so teure Spritphasen!

● Ach nee, is wohl was für die Hausfrau, die einmal im Jahr tankt und dann ihre Karre sagenhafte 1000 Meter zum Aldi schaukelt …

● Verstehe die ganzen Tipps nicht – ich tanke seit Jahren für 25 Euro, es wird nicht teurer.

● … und dieser Witz nicht besser!

»Leichter« Auto fahren

Wer weniger Gepäck im Auto hat, braucht weniger Sprit. Also: Vor dem Losfahren Kofferraum auf und alles Unnötige raus.

Das meint die Jury:

- Aber nicht vergessen: den Kofferraum wieder zumachen!

- Stimmt, ich kenne auch Leute, die ihre Bier- und Sprudelkisten aus Bequemlichkeit nie aus dem Auto nehmen.

- Finde den Tipp überflüssig. Meiner Meinung nach weiß jeder, dass durch mehr Gewicht mehr Sprit verbraucht wird.

- Wie heißt das hier? Richtig: Frag Mutti! Schau doch einfach mal bei »Frag Menschen mit Mörderinsiderwissen, das noch keiner kennt.de« nach.

- Und was mach ich dann mit meinem dicken Freund?

- Den spannst du vor das Auto und lässt ihn ziehen. Spart hundert Prozent Sprit.

- Ein Liter Kraftstoff wiegt ein knappes Kilo. Also einfach nur die Hälfte tanken, und schon sind es fast 30 Kilo weniger. Genial, oder? Und man muss nicht so viel an der Kasse bezahlen.

- Das erinnert mich daran, dass ich vor vielen Jahren mal einen alten, gammeligen Kadett sah, auf den der Besitzer hinten von Hand draufgepinselt hatte: »Können Sie auch den Wert Ihres Autos mit einer Tankfüllung verdoppeln?!«

Bei der Autowäsche keine Unterbodenwäsche

Nachdem mein Auto vor kurzem zur Werkstatt musste wegen »korrodierter Kontakte« hat mich der Werkstattleiter darüber aufgeklärt, dass Unterbodenwäsche in der Waschstraße keine gute Idee sei. Denn die Motoren sollten möglichst wenig Wasser abbekommen. Ich Depp habe immer brav den Waschgang mit Unterbodenwäsche gewählt, weil ich dachte, ich tue meinem Auto etwas Gutes. Das hat zusätzliches Geld gekostet und mir jetzt eine Werkstattrechnung von 120 Euro eingebracht. Also: Besser auf die Unterbodenwäsche verzichten, spart doppelt Geld!

Das meint die Jury:

• Ich denke, dass die meisten Autos einen Unterbodenschutz haben. Deswegen und damit Marder nicht reinklettern können.

• Dann lass dein Auto bei Regenwetter immer schön in der Garage.

• Als Fachmann muss ich sagen, das ist völliger Quatsch. Man sollte es zwar nicht zu oft machen, aber gerade nach salzhaltigen Wintertagen ist es ratsam. Allerdings nur bei Plustemperaturen!!!

• Der Werkstattleiter sagte: Einmal am Ende des Winters, um das Salz abzuwaschen. Aber ansonsten wäre es unnötig.

Sparen beim Scheibenwischerkauf

Es ist vielleicht nicht so bekannt, aber man muss nicht unbedingt die kompletten Wischer ersetzen, wenn sie mal abgenudelt sind. Im Fachhandel bekommt man für kleines Geld die Gummis, die man dann mit ein wenig Fingerspitzengefühl einzeln auswechseln kann.

Und es gibt sogar noch eine schlichtere Lösung: Wenn der Wischer nicht mehr hundertprozentig will, einfach das Fahrerseitenblatt auf die Beifahrerseite montieren (für das Sichtfeld reicht das dicke) und dann nur auf der Fahrerseite ein neues einsetzen. Wenn das am Ende ist, das Ganze von vorn. Bumms, Hälfte gespart! Funktioniert natürlich nur bei Autos, bei denen Fahrer- und Beifahrerwischer identisch sind.

Das sagt die Jury:

- Man kann auch am falschen Ende sparen. Gleich verklickert uns jemand, wie man die Bremsen mit etwas Klebstoff wieder auf Vordermann bringt.

- Genau, gute Scheibenwischer kosten zwar gutes Geld, aber sie sind es wert.

- Ich kenne viele, die das so machen. In einem gewissen Rahmen ist das durchaus erlaubt.

- Wo ist das Problem? Wir machen das immer so. Viele Leute sind einfach zu bequem, um Geld zu sparen.

- Jeder soll selbst entscheiden, wie er Sicherheit »lebt«. Dieser Tipp aber ist geeignet, sich und andere zu gefährden.

- Ist doch besser, wenn der Beifahrer nicht so genau sieht, was auf ihn zukommt. Das beugt einem Herzinfarkt vor – bei meiner Fahrweise jedenfalls.

- Getreu dem Motto: »Ich möchte friedlich im Schlaf sterben wie mein Großvater und nicht hysterisch schreiend wie sein Beifahrer.«

- Lest doch erst mal den Tipp richtig, da heißt es: »Funktioniert natürlich nur bei Autos, bei denen Fahrer- und Beifahrerwischer identisch sind.«

- Habe ich schon eben nicht verstanden!?

- Ein gutes Sichtfeld ist vor allem in der dunklen Jahreszeit wichtig. Durch die rechte Hälfte der Windschutzscheibe sehen wir Passanten und Kinder, die über die Straße wollen. Also: Das Leben dieser Menschen ist mir wichtiger als ein paar Euros!

- Von dem Vorhaben, nur die Gummis zu tauschen, kann ich nur abraten. Ich habe das vor kurzem versucht, und es ist ein Desaster. Die Scheibe wird nur teilweise freigeschaufelt, und bei mittelschwerem Regen sieht man kaum etwas.

Also, bei Kathrins Polo ist die Windschutzscheibe so klein, die braucht sowieso nur einen Scheibenwischer.

Wenn du weiter mein Auto so schlechtmachst, dann kannst du in Zukunft einfach mit der Bahn fahren!

Bahnfahren ist immer spaßig. Hansi hat mal einen schönen Bock geschossen – damals, als er noch jung und unerfahren war.

Schaffner Schlau

Dass Sparen manchmal teuer und peinlich werden kann, habe ich vor ein paar Jahren erleben müssen. Ein Freund leistete gerade seinen staatsbürgerlichen Dienst fern der Heimat im Norden ab. Dank seines Zivi-Ausweises war er jedoch berechtigt, den Weg von seinem schwäbischen Zuhause zum Dienstort mit der Bahn kostenlos zurückzulegen. Sehr praktisch, auch für alle seine Freunde, denn der Ausweis war damals noch ohne Lichtbild! So kam auch ich zu sehr kostengünstigen Reisen mit der Deutschen Bahn, denn selbst wenn der Schaffner nach dem Personalausweis fragen sollte, konnten wir den ja schließlich noch vergessen haben. Das funktionierte auch eine Zeit ganz prima, bis ich eines Morgens kurz vor Stuttgart an einen sehr gewieften Schaffner geriet. Dazu muss man noch wissen, dass auf dem Zivi-Ausweis die PK-Nummer stand. Die wiederum zum Teil aus dem Geburtsdatum des Inhabers aufgebaut war. Also etwa: PK GZT03091978888000, der 3. September 1978. Nicht ganz übersichtlich, aber für ein geübtes Auge durchaus zu erkennen.

»Da hend Sie schöns Weddr zum Feieret, hajo, so isch des«, lachte mir der Schaffner in breitem Schwäbisch entgegen, als er mir den Zivi-Ausweis nach der Kontrolle zurückgab. Ich schaute reflexartig aus dem Fenster. Tatsächlich: Da draußen herrschte bestes Wetter. Aber was meinte er mit »feiern«? Suchend blickte ich mich um, ob diese Bemerkung einem anderen gegolten haben mochte. Gelangweiltes Desinteresse in allen Sitzreihen. Nur der kleine dicke Junge von gegenüber schien sich ebenfalls zu fragen, was es an mir zu feiern gab.

Als mein Blick wieder das Gesicht des Schaffners traf, stellte ich fest, dass der gute Mann mich scharf musterte.

»Sie hend wohl den eigene Geburdschdag vergesse?«

Den Rest der Szene, meine haltlosen Erklärungen und die dann unter großem Interesse aller Mitreisenden lautstark durchgeführte Schwarzfahrerenttarnung, erspare ich euch besser.

Ach ja, eins noch: Zwar habe ich bei dieser Aktion herbe materielle Verluste erlitten. Auf der zwischenmenschlichen Ebene konnte ich dagegen schwer punkten. Dass einer seiner Kumpels noch vor seiner Oma morgens kurz vor neun an seinen 19. Geburtstag denkt, darüber freute sich mein Freund noch lange nach seiner Zivi-Zeit!

Wir haben hier noch einen echten Zeit- und Ärgerspartipp beim Bahnfahren.

Schnell und einfach Fahrkarten kaufen an DB-Automaten

Inhaber einer Bahncard können ganz einfach Fahrkarten am Automaten kaufen, weil der inzwischen in der Lage ist, bis zu fünf Verbindungen zu speichern. Wie geht es? Am Anfang des Buchungsprozesses mit der Bahncard anmelden. Dann erscheinen diese Verbindungen, aus denen du dann nur noch auswählen musst.

Das meint die Jury:

- Wenn ich endlich mal mit dieser blöden Karte bezahlen könnte, wie sie es immer anpreisen, dann wäre ich schon zufrieden. Denn selbst nach mehrmaligem Hin und Her wird mir die Bezahlung mit Bahncard an Automaten verweigert. Aber wirklich keine schlechte Idee, vor allem weil die Automaten alles andere als schnell zu bedienen sind.

- Ja, den Gedanken mit dem Bezahlen hatte ich auch schon, aber man sollte die DB ja nicht überfordern. Wahrscheinlich würde dann aber wieder eine PIN dazukommen – als ob wir uns nicht schon genug Passwörter merken müssten.

● Das gibt es schon eine Weile. Du registrierst dich online für den Lastschrifteinzug und legst eine Mobile/Online-PIN fest. Mit der kannst du dann sowohl übers Handy als auch an den Automaten bezahlen. Funktioniert recht gut.

● Ich bin inzwischen so fix im Bedienen des Automaten, dass ich keine gespeicherten Verbindungen brauche. Außerdem benutze ich immer die Kreditkarte, da muss man keine PIN eingeben und spart damit nochmal 30 Sekunden. Damit sind Bestzeiten unter zwei Minuten möglich!

Im Winter ist das Bahn- und Busfahren immer so kalt!!! Das ist einfach die Hölle.

Schon mal damit probiert?

Der Wartewärmer – warmer Po statt Hämorriden

Gerade im Winter sind die Bänke in Wartehäuschen von Bus und Bahn oft sehr, sehr kalt. Ich stehe aber nicht gern eine halbe Stunde, wenn mir die Bahn grad weggefahren ist. Deshalb habe ich in meiner Einkaufstasche und in meiner Handtasche jeweils immer ein Stück Alufolie. Die ist leicht und lässt sich sehr klein zusammenfalten. Außerdem ist sie billig. Ich falte die Alufolie auf und setze mich drauf. Weil die Folie die Körperwärme reflektiert, wird einem so nicht kalt am Allerwertesten, und ich sitze ganz angenehm warm. Probiert es aus!

Das meint die Jury:

● Ich habe das im Fußballstadion ausprobiert. Ganz große Klasse!

- Endlich!!!! Mein Freund kommt jeden Winter mit neuen Sitzbänken nach Hause, und ich muss sie ihm vom Hintern ziehen, ich danke dir, endlich können wir uns wieder außerhalb der Garage lieben.

- Besser ist es, ein bisschen hin und her zu gehen. Dann werden auch die Füße warm, und der Kreislauf bleibt in Schwung.

- Sehr praktisch, ich hab es schon ausprobiert.

- Da wird einem warm ums Herz! Funktioniert super!

- Und was soll das jetzt bitte schön mit Hämorriden zu tun haben? Die kommen ja nicht von der Kälte.

Wie wild weiterklicken …

…adfc.de
…bahnsinn.com
…clever-tanken.de
…mitbahnzentrale.de
…spritmonitor.de

Sparen @ Home

Ingo: Spitze, durch eure Tipps geht es uns kohlemäßig echt wieder besser! Jetzt können wir uns ein wenig locker machen, gell, Kathrin?

Kathrin: Pustekuchen! Wie war das gestern? Da kam der Herr nach Hause, hat in der Wohnung alle Lichter plus Stereoanlage und Fernseher angeschaltet, um dann friedlich eine Runde auf dem Sofa zu pennen.

Ingo: Mensch, ich wollt nur ein paar Minuten chillen! Aber du hast mich ja gleich wieder geweckt.

Kathrin: Ja, weil du nämlich völlig verdrängt hattest, dass du mit Einkaufen dran warst! Und als du dann in die Puschen gekommen bist, war es kurz nach acht. Alle billigen Supermärkte waren da gerade zu. Bis auf den schweineteuren Rund-um-die-Uhr-Laden am Hauptbahnhof! Zudem hattest du beim Einkaufen einen solchen Kohldampf, dass du mit zehn Tüten Chips nach Hause gekommen bist! Also, ich sehe da noch erhebliches Sparpotenzial, Liebling. Oder was meint ihr, Muttis?

Muttis: Hungrig einkaufen ist immer eine fatale Sache. Sollte man nicht machen. Und Kathrin hat natürlich recht. Gerade in den eigenen vier Wänden gibt es jede Menge Möglichkeiten, richtig Geld, Energie und Nerven zu sparen. Fangen wir doch direkt beim Einkaufen an.

Hunderte Euro sparen durch intelligentes Einkaufen

Studiert die wöchentlichen Postwurfsendungen der einzelnen Lebensmitteldiscounter. Kauft nur gezielt die Sonderangebote, bei Badartikeln, Waschpulver und nicht verderblichen Waren gleich die dreifache Menge. Immer die Kassenzettel aufbewahren und sich die Preise gut einprägen, denn man muss ein Preisgefühl für seinen persönlichen Einkaufszettel entwickeln. So kann man wirklich Geld sparen, das ist einfacher und effizienter als das Führen eines Haushaltsbuches. Bei mir führt das zu einigen hundert Euro Jahresersparnis.

Das meint die Jury:

- Dass man nicht den teuersten Kram kaufen sollte, passt schon. Aber ich stehe eigentlich nicht auf Tipps, die so zeitaufwändig sind. Was ich in der Zeit an Geld verdienen könnte …

- Ich komme abends um sieben Uhr aus dem Büro und hab dann keine Lust, noch in zehn Geschäfte zu latschen. Da ist mir meine Freizeit viel zu schade!

- Achtung: Nicht alles, was nach Sonderangebot aussieht, ist eines. So kleben einige dreiste Discounter Sonderpreis-Schildchen auf teure Waren, um damit den Eindruck zu erwecken, es handele sich um ein Sonderangebot. Beliebt ist es ebenfalls, den Preis kurzfristig zu erhöhen, dann wieder auf den Normalpreis zu senken – und das Ganze dann als Sonderangebot auszugeben. Fazit: Augen auf beim Kauf!

- Richtig! Habe ich auch schon erlebt. Die Marmelade mit Aufkleber am Regal »Neuer Preis – jetzt noch günstiger« war tatsächlich zehn Cent teurer – Abzocke halt.

● … und manchmal steht dicht neben den »Sonderangeboten« der gleiche Artikel nur in einer anderen Verpackungsgröße, aber nicht heruntergesetzt, und wenn du dann im Blindflug zugreifst, haben sie dich schon abgezockt.

● Für den Palm gibt es ein hervorragendes Programm, mit dem man Einkaufslisten anlegen und die Preise für unterschiedliche Geschäfte speichern kann. Damit sieht man sofort, was in welchem Geschäft am billigsten ist. Es heißt »HandyShopper«. Wenn man ein Sonderangebot sieht, kann man sofort nachgucken, wie viel die Ware etwa bei Aldi kostet und ob es sich lohnt, das zu kaufen.

● Haushaltsbücher können doch nur Arbeitslose, Hausfrauen oder -männer und Rentner führen. So ein Zeitaufwand! Man sollte einfach so viel wie möglich in Billigläden kaufen.

● Das sind genau die Läden, die die schlimmsten Arbeitsbedingungen haben. Sollte zumindest mal erwähnt und bedacht werden.

● Gelegenheitsschnäppchen zu nutzen hat sich bei mir gerade beim frühzeitigen Einkauf von Geschenken bewährt. So brauche ich nicht unbedingt etwa zu Weihnachten irgendwelchen Müll zu kaufen, nur weil die Zeit drängt. Außerdem verteilen sich die Kosten auf Monate und fallen nicht nur im Dezember an. Allerdings braucht man etwas Platz zum Lagern der Sachen.

● Apropos Weihnachten: Schmuck und weihnachtliche Accessoires gibt es direkt nach dem Fest am günstigsten. Also schon fürs nächste Jahr vorsorgen.

● Wir könnten ja auch Weihnachten an Ostern feiern, dann müssten wir nicht so lange warten.

• Habt ihr mal ausgerechnet, wie viele Stunden mit Suchen, Vergleichen und »Schnäppchenjagd« draufgehen, um die paar Euro zu sparen? Und auf welchen Stundenlohn kommt ihr dabei?

• Jaja, da ist natürlich was dran. Aber einmal im Leben eine Stunde lang mit einer Liste von 20 Produkten herumrennen und drei bis vier Anbieter vergleichen – das lohnt sich nachhaltig. Ich habe vor fünf Jahren Drogeristen verglichen und weiß seither: Die Discounter sind kein bisschen billiger, die tun nur so. Und eine zweite Erkenntnis aus meiner Vergleichsaktion: In manchen Supermärkten sind die Lebensmittel zwar günstig, wer aber dort noch Drogeriesachen kauft, der lässt sich das Gesparte sofort wieder aus der Tasche ziehen.

• Genau, ein großer Teil der Ware aus den Werbeprospekten ist oft nicht reduziert. Geschätzt gerade mal die Hälfte der beworbenen Artikel sind wirklich billiger. Ich arbeite in einem großen Drogeriemarkt, und da sehe ich es immer wieder beim Stecken der Etiketten.

Schnäppchen bei Wurst, Käse und Brot

Die Supermärkte mit einer Wurst- und Käsetheke verkaufen zum Wochenende hin in Tüten abgepackte Käse- und Wurst-Reststücke zum stark reduzierten Preis. Es sind Scheiben verschiedener Wurst- und Käsesorten dabei, sodass man alles mal probieren kann. Ist auch klasse für selbstgemachte Pizza!

Beim Bäcker kann man auch sparen. Viele verkaufen das Brot und die Brötchen oder Teilchen vom Vortag zum halben Preis. Die Ware ist genauso genießbar wie die frische Ware. Eingefroren kann man das Brot zudem noch Monate lagern.

Wenn nichts ausliegt, einfach mal danach fragen.

Das meint die Jury:

- Gut, aber wusste ich schon!

- Wo ist da der Tipp?

- Der Tipp ist, dass man für die beschriebenen Waren nachfragen muss, denn sie liegen nicht immer offen im Laden herum.

- Manche schämen sich ja auch, nach »Pizza-Salami« oder »Anschnitten« zu fragen. Es kann vorkommen, dass die Anschnitte in Tüten abgepackt auf dem Verkaufstresen oder in einem gesonderten Bereich des Kühlregals liegen. Dann ist es natürlich einfacher. Ansonsten einfach nachfragen. Da bricht einem schon kein Zacken aus der Krone.

- Habe mal erlebt, dass sich zwei um das letzte Wurstpaket stritten. Die sind nämlich sehr beliebt. Ich nehme sie gern für Aufläufe oder Salate, Pizza oder auch Nudelsaucen. Fragen lohnt sich übrigens auch beim Metzger.

- Bei uns gibt's so genannte Kuchenränder beim Bäcker. Das sind die Ränder vom Blechkuchen, die sonst in den Müll oder Ofen wandern würden. Für Kinderfeiern immer lustig, aber nicht jeder Bäcker macht das.

- Beim Bäcker hole ich immer superbillige Schnittbrotreste. Das sind die Brotscheiben, die bei der Schneidemaschine anfallen und gesammelt werden. Meistens sind da jede Menge frische schöne Brotscheiben dabei, die ich für uns aussortiere und einfriere. Den Rest bekommen die Ziegen.

- Welche Ziegen?

Preise runter kurz vor Ladenschluss am Samstag

Viele Supermärkte setzen ihre Artikel am Samstag kurz vor Ladenschluss herunter. Vor Feiertagen gibt es manchmal sogar Gebäck umsonst. Obst und Gemüse sind am Samstagabend auch billig. Bei größeren Mengen kann man das Ganze ja auch einfrieren (Frischgemüse vor dem Einfrieren blanchieren). Der Preisvorteil beträgt meist über 50 Prozent!

Das meint die Jury:

- Stimmt, ich habe auch schon gute Erfahrungen damit gemacht.

- Gerade im Hartz-IV-Zeitalter ein toller Tipp!

- Ich habe es bei zwei großen Lebensmittelketten ausprobiert, aber ohne Erfolg.

- Probiere es mal bei deinem Lebensmittelhändler um die Ecke.

- Bei mir hat es geklappt. Bekam gestern schönen Kopfsalat für neun Cent, morgens kostete der noch 69 Cent! Und das ist die gleiche Lieferung wie morgens.

- Funktioniert, ist allerdings unberechenbar. In meinem Supermarkt machen sie es manchmal, manchmal auch nicht.

- Wenn man davon absieht, dass es Samstag kurz vor Feierabend auf den Gemüse- und Obsttheken nur noch die letzten Überbleibsel gibt. Wer mit den Basics wie Äpfeln und Möhren zufrieden ist, kann Glück haben. Wenn man aber zumindest noch ein bisschen Auswahl haben will, wird man so spät nicht glücklich.

Sparen und trotzdem Markenwaren kaufen

Wenn ihr euch beim Einkaufen im Discounter die Verpackungen genau anschaut (Zutatenliste, Nährwertangaben, Design, Herstellungsort, Veterinärkontrollnummer) –, werdet ihr feststellen, dass sich viele Markenprodukte hinter den Eigenmarken verbergen. Die so genannte Veterinärkontrollnummer ist in der EU auf allen Molkerei-, Fisch-, Geflügel- und Fleischprodukten Pflicht. Sie bezeichnet den Ort, an dem die Waren zuletzt bearbeitet wurden. Wenn man dann etwa auf zwei unterschiedlichen Frischkäsen dieselbe Veterinärkontrollnummer findet, stammt der Käse vom selben Hersteller (das heißt aber nicht, dass es auch der gleiche Käse ist!).

Das meint die Jury:

- Die Quintessenz von Markengeilheit und Geiz-ist-geil-Mentalität.

- Es ist doch total egal, ob Marke oder nicht. Hauptsache, es schmeckt und die Qualität stimmt.

- Oft stehen auch die Originalhersteller auf der Verpackung.

- Stimmt. Billiger ist es deshalb, weil die wesentlich größere Margen kaufen und meist auch auf aufwändigen Sechsfarbdruck verzichten.

- Man kann sich unter www.vetlex.com die entsprechenden Betriebslisten herunterladen, wie sie von der EU und BRD veröffentlicht werden.

- Hier in Österreich gewinnt Hofer (Aldi) schon seit Jahren diverse Qualitätsvergleiche in Konsumententests. Und Freunde in der Konsumgüterindustrie bestätigen mir, welche klingenden

Marken hinter den Hofer-/Aldi-Produkten stehen (ist natürlich »geheim«).

- Oft sind die Eigenmarken der Discounter oder Ketten selbst sehr gut. Schließlich verkaufen sie es unter eigenem Namen und können Mängel nicht einfach auf Lieferanten schieben.

- Für Markenware wird Werbung gemacht, für markenfreie Ware nicht. Das ist der ganze Unterschied. Und leider kaufen die meisten Leute das, wofür Werbung gemacht wird.

- Gleicher Hersteller heißt doch nicht gleiche Qualität! Ich habe in einem Bericht gelesen, dass die Hersteller für ihre Billigprodukte oft andere Zutaten nehmen.

Was man zu Hause haben sollte – Sparen durch Vorratshaltung

Wenn sich der Monat dem Ende zuneigt, und der Geldbeutel immer dünner wird, stellt man oft fest, was man eigentlich noch alles braucht, um die restlichen Tage zu »überleben«. Gut ist es dann, wenn man das Nötigste zu Hause hat.

Zuerst Gewürze: Klar, man sollte ein gewisses Sortiment im Hause haben. Ich habe zudem auf meinem Balkon einen Blumenkasten mit Kräutern bepflanzt. Das kostete mich einmalig etwa 20 Euro inklusive Kasten, Erde und Pflanzen. (Besser ist es, man setzt die Topfgewürze in einen Kasten, so vertrocknen sie nicht so schnell, wenn man mal das Gießen vergisst.) Für jeden Salat, für jeden Braten, aber auch für eine Nudelsoße braucht man Gewürze. Insofern hat sich der Kasten nach spätestens zwei Monaten amortisiert.

Nun die weiteren Basics: Mehl sollte man zu Hause haben, sowohl zum Backen als auch für Saucen (etwa für eine Bechamelsauce, die eine Gemüselasagne zum Gedicht macht), ferner Trockenhefe, Zucker, Öl und Essig, Senf, zwei Becher Sahne, einen Becher

Schmand oder saure Sahne und nach Möglichkeit Eier, Zwiebeln und gegebenenfalls für Singles ein Kilo Kartoffeln. Des Weiteren Nudeln, Tomatenmark und Reis, ein paar Liter H-Milch und ein Pfund Butter in Reserve.

Wer einen Tiefkühler hat, sollte pro Monat etwa acht Mahlzeiten mit Fleisch einkalkulieren und dementsprechend einkaufen. Am variabelsten einzusetzen sind Schweineschnitzel, Hackfleisch und Putenbrust. Aber auch Fischfilets (unpaniert) bieten eine tolle Abwechslung, kosten nicht viel und lassen sich prima einfrieren.

Ansonsten den Tiefkühler mit verschiedenen Gemüsesorten bestücken – Brokkoli für tolle Nudelgerichte, Blumenkohl für Gratins oder Suppen, Rosenkohl oder Rotkohl als Beilagen. Das Gemüse gibt es meistens in Kilopackungen, sie kosten wenig und sind – wichtig für Faulpelze – schon geputzt und mundgerecht geschnitten. (Experten behaupten sogar, dass Tiefkühlgemüse einen höheren Vitamingehalt habe als »normales« Grünzeug.)

PS: Was man nicht braucht sind Pommes, Pizzen, Fertiglasagnen. Man braucht auch kein Maggi oder Knorrfix, denn man hat eigentlich alles im Haus. Ein Monatseinkauf dieser Größenordnung liegt bei etwa 60 Euro, weitere 80 bis 100 Euro reichen dann bequem für Frischeinkäufe.

Das meint die Jury:

- Ich brauche keine Sahne, Schmand oder Hefe zum Überleben – und noch nie, wirklich noch nie habe ich selbstgezogene Kräuter vermisst!

- Hefe benötige ich schon für einen Pizzateig, Schmand für Soßen und Sahne zum geschmacklichen Abrunden. Dafür spare ich mir die Fertiggerichte.

- Vielen Dank für diesen Beitrag! Er ist klasse. Ich richte mich zwar nicht danach, aber ich habe ihn sehr gerne gelesen ;-). Leider hast du ja schon einen Freund. Stimmt doch, oder?

- Also, für Studenten sind Kartoffeln, Zwiebeln, Fett und Nudeln überlebenswichtig. Und natürlich noch Salz. Sonst kann sich ein Student, wenn er keine Sponsoren hat, kaum mehr an Vorrat leisten. Variationen können durchaus möglich sein, falls man noch irgendwo Reste einer Tafel Schokolade findet.

- Ich möchte noch etwas ergänzen für Leute, denen leider sogar ein Gummibaum eingeht: Von Iglo gibt es so kleine Päckchen mit frischen Kräutern im Tiefkühlfach des Supermarktes. Die sind nicht teuer und sehr praktisch. Einfach ins Tiefkühlfach legen. Sie sind ewig haltbar. (Die Kräuter sind nicht getrocknet, sondern nur gefroren, sodass man das Essen nicht ewig kochen muss, damit der Geschmack entsteht.)

  Außerdem habe ich immer eine bunte Auswahl an Nudeln und Ölen (etwa Olivenöl für Pastasaucen, Sesamöl für schnelle Gerichte aus dem Wok, Distelöl, wenn man ein geschmacksneutrales Öl benötigt oder sonstiges Pflanzenöl für Salate) in meinen Küchenschränken auf Vorrat.

- Wem Hefeteig selber machen nicht liegt, der kann sich auch fertige Backmischungen kaufen und im Schrank lagern. Für echte Notzeiten ist man dann bestens vorbereitet.

- Blumenkohl, Rosenkohl und Rotkohl? Ja, will ich denn ewig leben? Ein Tipp, wie man auf dem Balkon Pizzen anbaut, das wär mal was.

Tolle Tipps, vielen Dank! Na, Ingo, alles schön gemerkt?

Wie? Ich habe gerade nicht zugehört – nein, war nur ein Scherz! Ja, das ist alles ja gut und recht. Aber wo bleibt denn der Spaß beim Sparen?

Ja, die Witzschigkeit, die darf auch nicht fehlen. Wie wär's denn mit dieser kleinen Spiel-Spaß-und Spar-Anwendung? Die Jury war jedenfalls begeistert.

Spaß-Sparen beim Einkauf zu zweit oder zu dritt

Einer geht zum Uldi, der andere zum Lidle (ein Dritter zum Adaka und und und). Jeder hat eine Billig-Handfunke (am besten mit Ohrhörer) dabei. Wenn die Geschäfte nicht ewig voneinander entfernt sind, klappt die Verbindung, und man kann so die Preise online vergleichen. Der billigste gewinnt.

Noch was: Mit dem Taschenrechner kann man so genannte »Sonderposten« in Großpackungen enttarnen. Denn oft ist es günstiger, zwei kleine als eine große Einheit zu nehmen.

Das meint die Jury:

- Kommt natürlich cool, wenn man im Supermarkt steht und in seinen Kragen flüstert: »Roger: Margarine: 99 Cent. Over.«

- Vergleichen bei so genannten Sonderposten in Großpackungen geht bei Lebensmitteln auch ohne Taschenrechner. Weil nämlich am Preisschild angegeben sein muss, wieviel 100 g oder 1000 g oder 100 ml kosten.

- Na ja, den Tipp halte ich jetzt mal für maßlos übertrieben.

- Witzisch!

- Hm, ich bin, was die Reichweite dieser Geräte betrifft, eher skeptisch. Davon mal abgesehen befindet sich dann jeder dieser Low-Price-Agenten in einem Gebäude, was die Funkwellenausbreitung zudem behindert. Hat das jemand von euch tatsächlich schon mal probiert?

• Ich achte beim Einkaufen immer auf den Preis (greife also nicht einfach blind nach einem Produkt). Beim regelmäßigen Einkauf bekommt man so auch ein Gefühl dafür, wo was billig ist.

• Wieso extra ein Funkgerät kaufen? Ein Handy tut's auch. Am besten geht man nur am Monatsanfang einkaufen, weil man da noch Freiminuten hat.

• Oder wir bauen uns so ein Büchsen-Telefon.

• Hey, daraus könnte man DAS Partyspiel machen. Werde es mal testen.

• Alles klar! Und demnächst probieren wir es in drei unterschiedlichen Discos oder Bars aus. Da kann man dann austesten, wo es die besten Mädels gibt.

• Und die stehen dann bestimmt auf solche Billig-Sherlock-Holmes!

Die zehn Gebote des Kassenschlangen-Trottels

So mancher Mensch, der vor einem in der Kassenschlange steht, benimmt sich so unerklärlich dumm, dass man ihn ohrfeigen könnte. Doch das wäre unfair. Denn er hält sich nur an die folgenden Gebote:

1\. Du sollst deine Waren nicht sofort aufs Band legen, sondern erst, wenn zwischen ihnen und denen deines Vordermanns zwei Meter freien Platzes herrschen. Dann aber sollst du sie ganz hinten aufs

Band legen. Der Anblick des ungenutzten Raumes vor dir aber soll deine Hinterleute lehren, ihre Ungeduld zu beherrschen.

2. Flaschen sollst du nicht längs auf das Laufband legen, auf dass sie bleiben, wo sie sind. Sondern du sollst sie hinstellen, auf dass sie umfallen, wenn das Band anläuft, und sich mit den Waren deines Hintermannes vermählen. Wenn sie aber umgefallen sind, sollst du dies erst nach längerer Zeit bemerken. Dann aber sollst du sie wieder hinstellen, auf dass sie erneut umfallen. Deinen Hintermann aber soll dies lehren, dass die Trennung weltlicher Güter in Mein und Dein nur eitel Narrenspiel sei.

3. Willst du deine Flaschen unbedingt hinlegen, so lege sie nicht LÄNGS, sondern QUER zum Band, auf dass sie dir davonrollen und sich mit den Waren deines Hintermannes … siehe oben. Dies aber tue nur, wenn du zugleich sorgsam darauf bedacht bist,

4. keinen Trennklotz hinter deine Waren zu legen.

5. Die Gebote 2 bis 4 gelten speziell für leere, federleichte Discounter-Einwegpfandflaschen, die du an der Kasse abgeben willst. Solche Flaschen sollst du nicht kleinknautschen, sodass sie im Sammelsack Platz sparen könnten. Du sollst ihnen vielmehr ihr volles Volumen belassen, auf dass die Kassiererin sich alle zehn Minuten erheben und den Sammelsack austauschen muss. Sie wird dies freudig tun, denn es trainiert ihre Kniegelenke. Deine Hinterleute aber lehrt es Geduld.

6. Beim Schlangestehen bedenke: Der Mensch soll nicht vorhersehen, was künftig sei. Wird die Kassiererin von dir Geld sehen wollen? Oder wird sie dich durchwinken, dir dabei ihren Lieblingswitz erzählen oder einen Bauchtanz auf dem Drehstuhl hinlegen? Du kannst es nicht wissen. Also zähle beim Warten KEIN Kleingeld heraus, ja überlege nicht einmal, wo dein Geldbeutel steckt oder ob du ihn überhaupt dabei hast.

7. Sondern beginne erst dann, all deine Taschen nach ihm abzutasten, wenn du wie vom Donner gerührt erfährst, dass die Kassiererin DOCH Geld von dir will.

8. Krumme Kleinstbeträge aber zahle nicht passend, sondern mit einem Zweihundert-Euro-Schein. Denn siehe: Spielt nicht jeder Mensch auf der Bühne des Lebens mehrere Rollen, und ist nicht das Schönste dabei der Rollenwechsel? So auch für die Kassiererin. Mit Freuden klopft sie alle drei Minuten eine neue Münzrolle auf. Deine Hinterleute aber … du weißt Bescheid!

9. Wenn du aber dennoch Kupfergeld loswerden willst, so soll dir diese Idee nicht früher kommen, als bis die Kassiererin bereits den Fünfziger wechselt. Du sollst dabei sagen: »Oder … Moment, ich glaub, sieben Cent hab ich doch passend …« Deine Hinterleute aber …

10. Überprüfe zum Schluss deinen Kassenbon sorgsam auf Unregelmäßigkeiten. Findest du welche, so lasse dir ausführlich von der Kassiererin erörtern, dass der richtige Platz für Beschwerden die Infotheke sei. Stelle erst im Zuge dieses Gesprächs fest, dass du dich verrechnet hast und der Bon doch stimmt.

Wer diese Gebote als Tipp auffassen will, der möge sich (frei nach Kants Kategorischem Imperativ) fragen, ob er wollen kann, dass das ALLE so machen, und seine Schlüsse daraus ziehen.

Das meint die Jury:

- Warum beherrscht immer der Mensch vor mir an der Kasse diese Gebote?

- Auf dass ein Kunde nicht hoffärtig wird und sich klüger und schneller als die Kassiererin wähnt, wurde er wie Sisyphos mit einer lebenslänglichen Aufgabe bedacht, die er aber nie erfüllen kann.

Denn sooft der Kunde mit beharrlichem Bemühen versucht, passend zu bezahlen, indem er die verwirrend blinkenden, tückischen Kupfermünzen, die jeden Tag ihren Wert zu ändern scheinen, aufgrund komplizierter, weil fast schon vergessener, arithmetischer Überlegungen aus der kleinen, dunklen Geldkatze fischt – so oft sieht er sich dem strengen Gericht der übrigen Kunden ausgesetzt und muss dann mit Demut zur Kenntnis nehmen, dass eine jede Marketenderin in der Beherrschung des Wechselwesens IMMER flinker sein wird als er.

Doch der Mensch wäre nicht Mensch, wenn er es beim nächsten Markttage nicht wieder versuchen würde.

● Verzeiht meine Hoffart, doch mich will bedünken, ich beherrschte diese Kunst. Zumindest bei Kleineinkäufen entsinne ich mich gar oft treulich der Einzelpreise meiner Waren (oder zumindest dessen, ob sie mit –5 oder –9 enden). Keine Hybris, vielmehr menschenmöglich scheint es mir, binnen fünf Minuten Wartezeit solchermaßen die erforderliche Kupfercentzahl zu addieren und mit den Ressourcen des Kleingeldfaches abzugleichen. Und wiewohl ich einst im Grundkurs Mathe schmählich unterpunktete: Noch stets lag ich an der Kasse richtig, zahlte flink wie der Wind, und nie traf mich ein Bannstrahl aus dem Auge der Marktfrau oder des Hintermannes.

● Potztausend!! Darf ich »Doktor« sagen? Mir scheint, ihr seid mit dem Teufel im Bunde. Noch ehe der wohlfeile Tand die Hände der Marketenderin verlässt, springt euch schon die rechte Schar Münzen aufs Tablett. Wehe dem, der diese Geister nicht mehr beherrscht!

Ich dagegen, als ein kleiner, fahrender Skolar, halte mich fern von solcher Magie – gebe der Marktfrau stets einen reichlichen Batzen und erfreue mich an der geschwinden Abwicklung unseres kleinen Handels.

Doch fiel mir während des Wartens in der Menschenschlange bei so manchem Marktbesucher wiederholt ein Gebrechen auf, dergestalt, dass wohl die halbe Körperseite gelähmt und damit unbrauchbar geworden war. Daher gebrauchen diese bedauernswerten Geschöpfe nur jeweils EINEN Arm beim Einladen ihrer Waren in das metallene Gefährt. Man möchte helfen und gar edel das erworbene Gut mit einladen, wenn nicht bei diesen Menschen bereits das Gebrechen auch in ihre Seele gefahren wäre, auf dass sie einen nicht selten fast anknurren und mit lästerlichen Ausdrücken belegen. Daher preiset den Allmächtigen, ihr alle, die ihr noch munter mit beiden Armen euer Tagwerk verrichten könnt. Halleluja!

● Schon klar, woanders herrschen Kriege, und wir wälzen hier solche Probleme ;-)

● Sehr beliebt ist es auch, das Gemüse nicht abzuwiegen. So kann man einen gemütlichen Spaziergang zur Information machen, um sich den Aufkleber mit dem Barcode zu holen. Kleiner Tipp: Immer die am weitesten entfernte Kasse nehmen.

● Und hier noch ein Tipp für den gehässigen Rentner: Immer schön zur Mittagszeit einkaufen gehen. Dann sind nämlich viele hektische Arbeitnehmer in ihren kurzen Mittagspausen unterwegs.

● Ich möchte noch anmerken, dass es keineswegs »Trennklotz« heißt, sondern korrekterweise »Warentrennstab«!

● Und du hast noch einige Dinge vergessen: schreiende Kinder, 12-jährige Schnapskäufer ohne Ausweis, die berühmten »Oh, ich hab noch eben was vergessen«-Einkäufer, die erst zehn Minuten später zum Bezahlen wiederkommen, die Leute, die 1,50 Euro mit EC-Karte zahlen, die Leute, die 12,50 Euro mit 11,37 bezahlen wollen – und mein Favorit: DIE BLÖDE KUH, DIE EINEM STÄNDIG MIT DEM WAGEN IN DIE HACKEN FÄHRT!

Okay, *beruhigt*, geht schon wieder!

• 1,50 Euro ist für Kartenzahlung doch voll in Ordnung. Aber das begreift man in Deutschland ja nicht. Hier in Lettland bezahle ich laufend Centbeträge elektronisch – und das ist völlig normal! Niemand wirft einem böse Blicke zu, niemand beschwert sich. Herrlich!

• Ich denke, dass besonders Männer das schon sehr gern praktizieren. Ich hasse einkaufende Männer!!!!!

• Hm, ich bin selber im Einzelhandel tätig und kann Punkt 8 nicht ganz zustimmen. Ich hab's lieber, wenn die Leute mir große Scheine geben. Denn bis die meisten Schnarchnasen ihr passendes Geld zusammengezählt haben (denn siehe Punkt 6), hab ich dreimal gewechselt.

• Na ja, ich kann da nicht so lachen. Schlimm sind die Leute, die total hetzen! Wenn man die Ware in den Wagen geschmissen bekommt, weil man nicht schnell genug einpackt, dann werde ich wütend. Mein Tipp vom Balu: Probier es mal mit Gemütlichkeit, mit Ruhe und Gemütlichkeit. Ist viel besser für die Nerven!

• Also, die Kritiken an der Kartenzahlung kann ich nicht ganz nachvollziehen. Der Kunde kann doch nichts dafür, dass der Vorgang in einigen Märkten extrem lange dauert. Oldy zeigt mir jedenfalls, dass es auch superschnell gehen kann: Karte rein, Geheimzahl eintippen, Quittung ziehen und tschüs (Karte raus war noch irgendwo dazwischen). Das geht auf jeden Fall schneller als Kleingeld suchen, der Kassiererin geben, die es dann einsortiert, die Kasse schließt und dir die Quittung gibt.

• Ganz doll lieb hat die Vorsitzende eines Fünf-Personen-Haushalts auch die Zeitgenossen, die unmittelbar nachdem sie den ersten von etwa 86 Artikeln aufs Band gelegt hat, anfangen ihren nicht minder vollen Wagen mit Minimalabstand auszupacken.

• Solange die Läden mich nerven mit willkürlich gewählten krummen Preisen (1,99 statt 2,00. Oder 1,55 statt 1,50), werden auch ihre Kassierer/-innen von mir beim Zusammensammeln des Kleingeldes aus meinem unübersichtlichen Portemonnaie genervt. Aber Hoffnung ist in Sicht, bald gibt es nur noch Automaten, an denen man gutgelaunt vorbeifährt. Und wir werden noch mehr Zeit haben, uns an die kleinen, nebensächlichen Nervereien aus den guten, alten Tagen zu erinnern.

• Noch ein Tipp: Wenn dein Einkaufswagen überquillt und der Kunde nach dir nur eine Kleinigkeit hat, frage ihn:

»Ist das alles, was Sie haben?«

Er wird es dir freudig bestätigen.

Antworte ihm: »Na prima, dann haben Sie ja jetzt genug Zeit, um zu überlegen, ob Sie was vergessen haben.«

• Und hier noch der Satz aller Sätze, der Lieblings-Aphorismus eines jeden Einkäufers 60+: »Moment, 96 Cent kann ich Ihnen geben.«

Ja, genau, so macht das Freude!

Also für mich ist das weniger eine Frage von Spaß. Bei zwölf Prozent Überziehungszinsen auf dem Girokonto habe ich wenig Sinn für Humor.

Es ist halt jeder ganz unterschiedlich.

Ich nicht!

Schon klar, Ingo! Trotzdem ist es doch spannend, wie unterschiedlich die verschiedenen Sparansätze sind. Wie haben schon die alten Griechen gesagt? Erkenne dich selbst! Deshalb haben wir euch mal eine kleine Typologie der Sparer zusammengestellt. Na, wo würdet ihr euch einordnen?

Welcher Spar-Typ bin ich?

Der klassische Schwabe

Klar, dieser Menschentyp ist nicht nur bei uns im Ländle zu finden. Aber das Klischee des Schwaben ist halt so eingängig, weshalb wir diesen Typen nach unseren lieben Landsleuten benannt haben. Du bist sparsam, vielleicht sogar einen Tick geizig, und das in allen Belangen des Lebens. Dabei hast du das eigentlich in keiner Weise nötig. Denn längst hast du eine Eigentumswohnung, einen gut bezahlten Job beim Daimler (um im Bild zu bleiben) und deine Aktienfonds. Trotzdem versuchst du manchmal mit geradezu religiösem Eifer, möglichst billig, äh, preiswert zu kaufen und zu leben.

Der passionierte Schnäppchenjäger

Wenn es den bekannten Werbeslogan für einen großen Elektronikmarkt noch nicht gäbe – spätestens für dich hätte man ihn erfinden müssen. Du bist ein Bluthund und durchwühlst mit Hingabe das Internet nach den niedrigsten Preisen für deinen aktuellen Gegenstand der Begierde. Das kann eine Stereoanlage sein, ein gebrauchtes Auto oder auch nur ein Paar Jeans. Egal, es muss in jedem Fall das billigste Angebot bei bestmöglicher Qualität sein, und zwar mindestens in der ganzen Milchstraße. Manchmal zieht sich das über Monate. Und gelegentlich vergisst du darüber sogar, warum du dir die Stereoanlage, das Auto oder die Jeans eigentlich kaufen wolltest.

Der sparsame Student

Du sparst hauptsächlich aus einer gewissen Zwangslage heraus. Egal, ob du nun Student bist oder gerade arbeitslos oder dein gesamtes Vermögen beim Roulette draufgegangen ist: Du musst jeden Cent mehrfach umdrehen, bevor du ihn ausgeben kannst. Das heißt nicht, dass dir Sparen keinen Spaß macht. Aber zunächst geht es dir darum, möglichst billig zu leben. Natürlich möchtest du keinen Schrott kaufen. Aber im Zweifelsfall schlägt der Preis halt doch die Qualität.

Der paradoxe Sparer

Deine Sparsamkeit ist auf den ersten Blick etwas widersprüchlich. Denn du kaufst nur das Teuerste. Deine Argumentation: Besser einmal viel Geld ausgeben, als ständig Müll zu kaufen. Das spart Zeit, Ärger und am Ende sogar noch Geld. Denn die Sachen halten einfach länger. Deine Einstellung wirkt nach außen gelegentlich etwas snobistisch. Deine Argumentation hat einige Stärken, aber natürlich bleibt die Frage: Ist das Teuerste auch immer die beste Qualität?

Na ja, ich bin wahrscheinlich eine Mischung aus sparsamer Student und paradoxer Sparer.

Ich habe schon etwas vom klassischen Schwaben in mir. Aber Schnäppchenjagen macht mich auch an!

Dann ergänzt ihr euch ja perfekt!

Das ist ja tröstlich. Der gestrige Abend ging nämlich gar nicht so harmonisch weiter. Ich habe versucht, aus den Nahrungsmittelresten in der Küche was zum Essen zu zaubern. Das war wirklich schwer! Nach einer eingehenden Rasterfahndung fanden sich genau eine verschrumpelte Salatgurke, eine Dose Tomaten, zwei dunkelbraune Bananen, fünfeinhalb altersschwache Kartoffeln und ein knochentrockner Rest Edamer Käse. Und natürlich die vier Tüten Chips, die unser Logistikprofi aus der Bahnhofsapotheke mitgebracht hatte.

Chips? Da hätten wir für euch ein super Rezept! Ist eigentlich mit Cornflakes, aber funzt sicher auch mit den knusprigen Kartoffelscheiben:

Panierung muss nicht immer Panierung sein

Wer gerne ein Wiener Schnitzel essen würde, aber gerade keine Panierung im Haus hat, muss ab sofort nicht mehr verzweifeln. Denn Panierung lässt sich aus allerlei Dingen leicht und schmackhaft selbst herstellen. So sorgen beispielsweise zerkleinerte Cornflakes (am besten die ohne Zucker) für eine äußerst charmante Kruste. Auch selbst zerkleinertes Knäckebrot wird zum munteren Geschmackserlebnis. Am besten zerstampft man die künftige Panierung entweder im Mörser oder aber mit dem Zauberstab.

Das meint die Jury:

- Cornflakes schmecken echt gut!!

- Statt Ei kann auch Dosenmilch verwendet werden.

- Geilo!

- Dachte immer, es hieße Panade. Aber der Tipp ist gut, und die Panade (oder Panierung oder wie auch immer) mit Cornflakes lecker!

- Endlich mal richtiger Sprachgebrauch! In der Umgangssprache wird diese Umhüllung meist Panade genannt, was aber nicht richtig ist. Die Panade ist ein Bindemittel, während die Panierung eine

Umhüllung ist! Abgesehen davon sind Cornflakes viel gesünder als der Brotkrümelmist!

- Man kann es auch auf dem Fußboden ein bis zwei Mal wenden. Dann schmeckt es schön »crunchy«.

Leider hatten wir gestern Abend keine Schnitzel mehr. Nur noch die paar ollen Kartoffeln. Die habe ich stundenlang gekocht, damit sie genießbar wurden.

Und damit die diversen Kleinstlebewesen in den Kartoffeln den Geist aufgaben, hihi!

Das könnt ihr auch schneller haben!

Blitzschnelle Kartoffeln in der Mikrowelle

Man wäscht die mittelgroßen Kartoffeln ab und packt sie noch nass in einen Gefrierbeutel. Aus diesem drückt man dann so viel Luft wie möglich heraus. Nun knotet man den Beutel stramm zu und sticht mit der Gabel einige Löcher hinein (damit Wasserdampf entweichen kann). Nun die Kartoffeln in die 800-Watt-Mikrowelle und auf drei Minuten einstellen. Fertig. Geht super schnell und schmeckt toll.

Das meint die Jury:

- Habe ich direkt ausprobiert, klappt echt super. Fünf Punkte!

- Super Tipp. Echt praktisch!

- Das ist toll, habe es probiert, und jetzt gibt es fast einmal die Woche Kartoffeln.

● Hat ganz gut geklappt. Allerdings haben die Kartoffeln innen kleine Hohlräume entwickelt – bisschen seltsam …

● Verschmokelt der Gefrierbeutel nicht in der Mikrowelle, weil der aus Plastik ist?!

● Nee, verschmokelt nicht. Kannst du sogar öfter benutzen.

● Klingt trotzdem nicht sonderlich gesund. Was stattdessen auch funktioniert: Auf die nassen Kartoffeln ein doppeltes Küchenkrepp legen und das Ganze ein paar Minuten in die Mikrowelle legen.

● Funktionuckelt spitze!

● Die schmecken auf jeden Fall gut, nur die Zeit variiert, je nachdem, ob es alte oder neue Kartoffeln sind. Und nach Größe. Und das Ganze funktioniert auch in einer kleinen Keramikschüssel mit Deckel.

● Das neue Mikrowellengeschirr von Flupper (jaja, ich weiß) ist ganz hervorragend geeignet für diese Art der Zubereitung. Im Deckel ist ein Silikon-Ventil, das bei zu hohem Druck automatisch etwas Dampf entweichen lässt.

Zum Thema Essen hat auch Bernhard noch eine hübsche Geschichte gehört.

Suppe mit Katzenfutter

Eine Freundin – nennen wir sie Petra – hat mir neulich diese wirklich krasse Story aufgetischt: Es war Feiertag, alle Läden hatten geschlossen, und Petra hatte es total verpennt! Es fiel ihr erst auf, als sie mit dem Fahrrad vor dem verschlossenen Supermarkt stand. Zudem hatte sich ihre kleine Tochter einen Virus eingefangen und lag mit Fieber im Bett. Deshalb kam es nicht in Frage, noch über die Tanke in fünf Kilometer Entfernung zu fahren. Zu Hause gab es noch eine Notration Kartoffeln und gekörnte Brühe. Also würde es halt Suppe geben. Aber: Die kleine Patientin war einfach scharf auf Fleisch. »Sonst esse ich die Suppe nicht!«, sagte sie kategorisch. Nach gründlicher Inspektion aller Schränke fanden sich nur noch ein paar Zwiebeln. Und eine Dose Katzenfutter.

Die Mutter schüttelte energisch den Kopf, doch es war für die Katz. Die ersten Tränen begannen zu fließen. Außerdem hatte das Töchterchen ein schlagendes Argument: Die Mutter hatte ihr noch vor ein paar Wochen erzählt, dass man für die Herstellung des Katzenfutters nur bestes Fleisch verwendete, weil Katzen so gut riechen können und jedes schlechte Futter stehen lassen würden.

Wenn man den Inhalt der Dose in der Pfanne gut durchbriet, was sollte da schon passieren? Petra kochte also in einem Topf die Kartoffeln und stellte sie zur Seite. Die Zwiebeln und ein wenig Knobi wurden mit dem Fleisch in der Pfanne angebraten. Etwas seltsam war es schon, das Fleisch und die Zwiebeln zu den gestampften Kartoffeln zu schütten und das Ganze mit Brühe aufzugießen. Doch es roch wirklich gut! Der Knobi duftete, ein paar getrocknete Kräuter und Chilipulver verfeinerten die Suppe. Und dann kam das Probieren an die Reihe. Mit gerunzelter Stirn führte Petra einen kleinen Löffel an die Lippen – das schmeckte gut! Und auch die Tochter war begeistert, und die beiden amüsierten sich beim Essen köstlich.

Inzwischen war eine Waschmaschine durchgelaufen, Petra ging in den Garten, um die Wäsche aufzuhängen. Der Tochter ging es schon viel besser. Als Petra wieder ins Wohnzimmer kam, saß da ihre Schwiegermutter am Tisch. Über einen Teller Suppe gebeugt! Sie war überraschend vorbeigekommen, um nach dem kranken Kind zu schauen. Dieses hatte sie gleich zu einem Teller Suppe überredet. Petra blieb fast das Herz stehen, als ihre Tochter stolz grinste und die Zutaten aufzählte. Hinter dem Rücken der Schwiegermutter wedelte sie mit den Händen, um ihre Tochter zum Schweigen zu bringen. Doch die grinste nur und sagte das Wort: »Katzenfutter!« Mit dem Löffel im Mund erstarrte die Schwiegermutter. Während Petra nervös lachte und alles abstritt, lief die Tochter zum Mülleimer und zeigte ihrer Oma stolz die Dose. Danach ist ihre Schwiegermutter nie wieder überraschend zum Essen aufgetaucht.

Und hier kommen noch Tipps für die Alltimes-Klassiker-Gerichte von jungen Menschen mit schmalem Geldbeutel, wenig Zeit und beschränkten Kochkünsten: Ravioli, Milchreis & Co.!

Töpfe spülen sparen beim Ravioli-Kochen

Dosenfutter kann man nicht direkt in der Dose erhitzen, weil sonst die Dose platzt oder die Beschichtung an der Doseninnenseite schmilzt. In einen Topf gekippt, brennt es aber meistens an, weil man gerade bei Frag-Mutti surft. Also, offene Dose aufrecht in einen großen Topf, Wasser dazu bis drei Finger breit unterm Dosenrand, mindestens 15 Minuten kochen. Brennt nicht an, Topf geht schnell zu spülen, Ravioli sind heiß.

Das meint die Jury:

- Nimmt man kleine Dosen, etwa mit Fertiggulasch oder so, kann man die geschlossene Dose in einen Frühstücksbeutel packen (falls die Dose platzt). Gummi drum, damit es nicht ausläuft, und gleichzeitig im selben Topf die Nudeln kochen. Oder den Reis. Oder die Kartoffeln.

- Das kann doch nur aus einer Studenten-WG kommen, tststs. Sollte aber funktionieren. Kleiner Tipp: Man kann auch einfach mit einem spitzen Gegenstand (Korkenzieher) die Dose oben einstechen, dann platzt nix, und das Wasser läuft nur minimal in die Dose.

- Dosenfutter ist gemein! Das schmeckt doch alles wie vorgekaut!

- Buäh, also da schrubb ich lieber Töpfe!!!

- Es lebe die deutsche Esskultur! Beim Dinieren aber nicht die Stoffservietten vergessen und die silbernen Kerzenleuchter sowie die Messerbänkchen. Mahlzeit!

- Manchmal geht es halt gar nicht anders, als schnell eine Dose warmmachen, weil man keine Zeit zum Kochen hat. Kann mir nicht vorstellen, dass es sooo viele Leute gibt, die noch nie Dosenfraß warmgemacht haben, weil sie immer genug Zeit zum Kochen und Spülen haben.

- Dose auf, Fraß in die Mikrowelle, nach zwei Minuten fertig.

- Mein Tipp: Frühstücksbeutel weglassen, und die Sauce gleich mit den Nudeln mischen. Man muss nicht mal mehr umrühren.

Schnelle Hähnchensuppe schön mild

Drei bis vier Hähnchenkeulen in einem hohen Topf etwa zu drei Vierteln mit Wasser bedecken, Salz zufügen und garkochen (etwa 30 Minuten). In einem separaten Topf eine kleine Tasse Reis in leicht gesalzenem Wasser (doppelte Menge wie Reis) kochen. In der Zwischenzeit zwei Karotten schälen, vier bis fünf frische braune Champignons putzen, Stielansätze abschneiden. Die Keulen herausnehmen und abkühlen lassen. Das Gemüse in Scheiben schneiden und in der Hähnchenbrühe garen.

Von den Keulen nun die Haut entfernen, das Fleisch von den Knochen lösen und in mundgerechte Stücke schneiden und wieder in die Brühe geben. Wenn der Reis gar ist, das Wasser abseihen und den Reis ebenfalls zur Brühe geben. Ich persönlich schmecke die Suppe nur mit Salz und ein bisschen Koriander ab, eventuell noch etwas Pfeffer. Letztendlich sind Gewürze aber Geschmackssache. Also selber probieren und mir berichten.

Zum Schluss zwei Eier verquirlen und mit einer Gabel in die Suppe einrühren. Fertig! Falls die Brühe etwas zu wässrig schmeckt, kann noch mit Hühnerpaste oder Hühnerbrühe nachgeholfen werden. Nehmt aber bitte unbedingt frische Champignons, keinesfalls die aus dem Glas bei diesem Gericht!

Besonders für kalte, ungemütliche Tage geeignet – heizt innerlich richtig schön auf.

Das meint die Jury:

- Lecker, Reissuppe erinnert mich an meine Kindheit. Habe ich schon Ewigkeiten nicht mehr gegessen. Wird demnächst mal wieder gekocht. Fünf Punkte!

- Meine westfälische Mutter bereitete die Hühnerbrühe auch »süß« zu, nämlich mit Rosinen, Backpflaumen und Zimt.

● Tolle Suppe, werde sie gleich mal ausprobieren und schreib sie dann in mein Kochbüchlein.

● Supertipp! Aber drei bis vier Hähnchenkeulen reichen fast für 'ne Kompanie. Hatten mit zwei Keulen schon vier normale Portionen. Statt Eiern ist auch ein Schuss Sojasauce zu empfehlen. Ingwer und vor allem Knoblauch ist ja fast ein Muss!

Knuspriger Bacon aus der Mikrowelle

Man glaubt es kaum, aber Bacon bekommt man auch in der Mikrowelle schön knusprig. Einfach die Baconscheiben auf ein Stück Küchenkrepp und für ein bis zwei Minuten in die Mikrowelle legen. Ich hab eine mit 600 Watt, es hat knapp zwei Minuten gedauert. Ist total lecker zu Rühr- oder Spiegelei, und man hat kein »Gespritze« in der Küche. Ist ein »WeightWatchers«-Tipp, um Fett zu sparen, da dieses gleich im Küchenkrepp aufgesaugt wird, und der Bacon so nicht im Fett schwimmt.

Das sagt die Jury:

● Was man nicht noch alles lernen kann. Supi!

● Ach? Das ist ja klasse. Wird schnellstmöglich ausprobiert.

● Warum sprichst du nicht Deutsch ?

● Tststs, was hättest du denn gern auf Deutsch?
Bacon = Speck. Oder vielleicht: WeightWatchers = Gewichtsgucker.

● Hab ich auch schon mal gemacht. Geht schnell und schmeckt sehr gut.

- Noch knuspriger wird der Bacon oder auch Speck genannt, wenn man etwas Sand in die Pfanne gibt!

- Sand?

- Genau! Und wenn man den Speck (bzw. Bacon) gleich ganz durch Sand ersetzt, dann isses suuuper knusprig und absolut fettfrei.

- Jo, und wenn man den Speck etwas länger in der Mikrowelle lässt, hat man auch Sand – schwarzen Sand!

- Supertipp, machen wir auch immer mit Mettwürsten ;-)

Milchreis im Bett kochen

Beim Kochen von Milchreis den Reis direkt in die Milch geben (auf 0,5 l Milch, 125 g Reis), dann Zucker rein und aufkochen. Etwa zehn Minuten kochen und dann je nach Menge ein bis zwei Stunden ins Bett stellen. Nach etwa der Hälfte der Zeit umrühren und eventuell noch Milch nachkippen. Das spart einiges an Energie.

Das meint die Jury:

- Klappt auch bei normalem Reis, der ist aber eher schneller fertig.

- Toll, der Reis kann also nicht anbrennen, aber Zeit brauchst du ohne Ende.

- Dauert mir zu lange.

- Früher nannte man das Kochkiste. Heute könnte man diese auch prima mit einer Mikrowelle kombinieren – morgens aufsetzen, irgendwann essen.

• Ganz Ungeduldige kaufen Fertig-Paps-Milchreis-mit-Glukoseschock.

• Also, das Bett ist etwas umständlich. Aber man kann den Topf über Nacht in eine dicke warme Decke einwickeln, wenn man abends kocht. Und voilà! Am nächsten Morgen hat man frischen warmen Milchreis.

• Hat meine Mama für uns gemacht, wenn sie am frühen Nachmittag nicht da war, aber morgens Zeit zum Kochen hatte. Und wenn wir aus der Schule kamen, war das Essen fertig.

• So brennt Milchreis garantiert nicht an: Milch, Zucker und Reis verrühren, in ein tiefes Backblech gießen und bei 180 ° C in den Ofen. Und man muss nicht mal umrühren ;-)

• Tolle Idee, aber habt ihr schon mal nachts im Tiefschlaf mit einem Topf Milchreis gekämpft, den ihr im Bett vergessen habt?

Vielleicht lässt sich zu Hause doch noch an anderer Stelle Energie sparen ohne klebrige Überraschungen.

Richtig, mein Energieverbrauch ist eindeutig am niedrigsten, wenn ich auf dem Sofa liege!

Und ich dir dann noch das Bier reiche, stimmt es?

In der eigenen Wohnung ist das Energiesparpotenzial tatsächlich enorm hoch. Ihr verbraucht zusammen pro Jahr etwa 3000 kWh. Als Singlehaushalt ist der Verbrauch pro Kopf sogar noch höher: da kommen etwa 1800 kWh zusammen. Klaro: Bei zwei Personen läuft eben meistens nur ein Kühlschrank, ein Fernseher, eine Spülmaschine. Das macht den Unterschied.

Da sparen wir also durch unsere gemeinsame Wohnung bereits 600 kWh im Jahr?

Yep. Das entspricht zur Zeit etwa 200 Euro Ersparnis. Aber natürlich ist da noch mehr drin. Beispiel Stand-by bei Elektrogeräten: Geht man davon aus, dass beim Stand-by-Betrieb eines Gerätes die Leistung 10 Watt pro Stunde beträgt und dass zugleich eine Kilowattstunde Strom 0,30 Euro kostet, so lassen sich pro Gerät im Jahr 87,6 kWh beziehungsweise rund 26 Euro einsparen. Dies entspricht einer Menge von fünf Pizzen! Wir haben euch das mal in einer netten Tabelle zusammengestellt:

*Stromsparpotenziale im Haushalt**

	Licht	*E-Geräte (Stand-by-Modus)*	*Kühlschrank*	*Gesamt*
normaler Verbrauch (kWh/Jahr)	320 kWh	bis zu 430 kWh	600 kWh	
Maßnahme	Energiesparbirnen	Kein Stand-by-Betrieb	Raumtemperatur in der Küche um 2 °C senken	
Einsparpotenzial (Prozent)	80 %	100 %	8 %	
Geldvorteil (Euro/Jahr)	rund 75 Euro	bis zu 130 Euro	etwa 20 Euro	bis zu 225 Euro

* Ausgehend von einem normalen Zweipersonenhaushalt mit 3000 kWh Verbrauch im Jahr sowie einem Strompreis von 0,30 Euro pro kWh.

Das ist ja richtig Geld! Und außerdem ja noch gut für die Umwelt!

Ingo, seit wann denkst du an die Umwelt? Aber stimmt schon. Beim Energiesparen fängt man am besten bei sich selbst an! Gerade zum Thema Kühlschrank erhitzen sich die Tipp-Gemüter besonders:

Strom sparen im Kühlschrank durch Vollpacken

Den Kühlschrank sollte man (auch als Single, der wenig Vorräte braucht) immer ziemlich vollpacken. Und dazu bieten sich Getränke in Flaschen oder Tetra-Packs an: lange haltbar und wirksam wie Kühlakkus!

Erklärung: Bei jedem Öffnen (möglichst selten und kurz öffnen!) entweicht die kalte Luft aus dem leeren Kühlschrank, weil sie schwerer als die warme Zimmerluft ist. (Siehe Prinzip Heißluftballon: Warme Luft steigt nach oben.) Danach muss der Kühlschrank jedes Mal wieder die hereingeströmte warme Luft (es würde ja sonst ein Unterdruck entstehen!) herunterkühlen, also läuft er öfter und länger.

Wenn man den Leerraum mit einem Getränkevorrat füllt, muss der Inhalt nur einmal heruntergekühlt werden und speichert die Kälte dann (trotz Öffnens) – bis man die Getränke verbraucht.

Das meint die Jury:

- Prost auf die öko-korrekte Sparsamkeit!

- Klingt einleuchtend.

- Ein A++ Kühlschrank, und schon spare ich.

- Es ist egal, wie viel Plus-Zeichen und Sternchen du hast, das Prinzip ist bei jedem Kühlschrank gleich!

Strom sparen im Kühlschrank im Winter

Zu zwei Dritteln mit Wasser gefüllte PET-Flaschen kann man wenn es nachts friert nach draußen stellen. Wenn der Inhalt gefroren ist, fest zudrehen und ins oberste Fach des Kühlschranks legen (nach oben, weil kalte Luft durch ihre Schwere nach unten strömt). Fertig sind die kostenlosen Kühlakkus, die nun für einige Stunden ihre Kälte abgeben und den Stromverbrauch des Kühlschranks minimieren! In der Zeit können schon die nächsten Kühlakkus draußen frieren.

Das meint die Jury:

- Super! Echt einfach durchzuführen und dennoch genial!

- Durch das zusätzliche Türöffnen beim Hineinstellen und Hinausnehmen geht mehr »Kühle« verloren als die PET bringt – *denk*.

- Also, Pfennigfuchsen oder Centw***** ist ja nett. Aber ich fand den Tipp schon abstrus, aber der Kommentar, dass beim Auf- und Zumachen alles noch viel schlimmer wird … Kerlchens, ihr wisst hoffentlich, warum ihr Singles seid?

- Ziemlich aufwändig, aber könnte funktionieren!

- LOL! Bei meinem kleinen Kühlschrank ist das Ding halb voll mit den Kühlflaschen.

- Jedem sein (Vor-)Urteil – es soll ja niemand zum Sparen gezwungen werden! Und was bitte schön ist daran aufwändig, zwei Flaschen mit Wasser zu füllen und auf das Fensterbrett oder den Balkon zu stellen? Die wahren Pfennigfuchser können ja die Kühlakkus dann in den Kühlschrank legen, wenn sie ihn sowieso öffnen, um noch anderes hineinzustellen oder herauszuholen.

- Statt einige Flaschen in den Kühlschrank reinzustellen, nehm ich lieber einen kleineren Kühlschrank, da spar ich noch mehr.

- Ich find den Tipp gut. Hoffentlich erinnere ich mich daran, wenn es wieder kalt wird. Einziges Problem: meine Mitbewohnerin. Die hält mich dann wieder für etwas bekloppter.

- Einen Kühlschrank der besten Energiesparklasse kaufen, käme da wahrscheinlich auf Dauer besser und effizienter, zumal in Deutschland die Winter nicht mehr so kalt werden, als dass auf der Fensterbank irgendwas frieren würde.

- Wie wäre es, den Regler im Winter einfach auf Stufe eins runterzudrehen?

- Stell deinen Kühlschrank mit den Wasserflaschen von drinnen nach draußen. So sparst du dir den Zirkus mit Umräumen der Zusatzkälteakkus.

- Das Argument ist schlicht falsch. Die Wärmekapazität von Wasser ist so viel höher als die von Luft, dass sich die Aktion bei gut gekühlten Flaschen lohnt.

- Im Kühlschrank arbeitet eine Wärmepumpe, die Wärme aus dem Inneren nach außen transportiert. Ist es im Kühlschrank kälter als außerhalb, wird dazu Energie benötigt – dass bessere Kühlschränke eventuell weniger brauchen, ändert nichts an dieser Tatsache.

● Den Regler im Winter runterstellen ist keine gute Idee, denn der Regler bestimmt über ein Thermostat die Temperatur im Kühlschrank (unabhängig von der Außentemperatur). Auch im Winter werden die Lebensmittel bei höheren Temperaturen schneller schlecht.

● Der Strom ist in der Miete mit drinnen, also eh alles egal (Vorsicht, Ironie!!!).

● Wenn mein Freund mal so pfennigfuchst, werde ich ihm die gefrorenen Flaschen nachts im Tiefschlaf auf den Bauch legen.

● Habe keinen Kühlschrank. Stelle einfach meine Lebensmittel aufs Fensterbrett. Jemand noch besser im Sparen?

● Wenn schon manche als Pfennigfuchser abgetan werden, dann macht es doch im Namen des Klimaschutzes. Ist sowieso voll Banane, die Räume zu heizen, um danach wieder etwas runterzukühlen. Ein Gefrierfach ist deshalb im Keller besser aufgehoben. Oder im Supermarkt. Wenn der bald 24/7 offen ist, dann erst recht.

● Physikalisch funktioniert dieser Tipp absolut. Um ein Kilogramm Wasser von 70° auf 1° Celsius zu kühlen, brauchst du etwa gleich viel Energie, wie von +1° zu –1° Celsius. Die drei Kilogramm Eis könnten also 70 Kilogramm Kühlschrankinhalt um 3° Celsius kühlen.

● Es ist falsch, dass es dem Kühlschrank egal ist, wie kalt es draußen ist, wenn es eine Kühlgefrierkombi ist: Die meisten Kombis haben nur einen Kreislauf, und ist die Umgebung zu kalt (schon bei 18° Celsius kann es Probleme geben), kühlt das Ding zu viel oder sogar zu wenig für die Tiefe. Das steht im Netz und stimmt auch: Manche Geräte heizen dann mit der Glühlampe den Innenraum auf, damit es wieder stimmt. Pervers, aber so ist die Technik.

Kühlschrank im Winter abschalten

In der kalten Jahreszeit kann man dem Kühlschrank oder sogar dem Tiefkühler einen kleinen Urlaub gönnen: alle zu kühlenden Lebensmittel raus in ein lichtundurchlässiges Gefäß, und ab damit auf den Balkon in eine Ecke, wo kein Sonnenschein hinkommt. Gut abdecken, und schon hat man einen natürlichen Kühlschrank. Den anderen natürlich abschalten und abtauen, sonst spart man gar nichts.

Das meint die Jury:

- Das geht doch auch im Sommer, nur halten dann die Lebensmittel nicht sooo lange :-)

- Abtauen mache ich immer nur, wenn ich mich eigentlich auf eine Prüfung vorbereiten müsste.

- Klar ist der Tipp genauso alt wie klasse. Aber diese Bequemlichkeit der Menschen! Ich praktiziere das seit vielen Jahren und muss sagen, es funktioniert prima. Leute mit Haus und Garten können im Herbst eine Grube ausheben und diese für diesen Zweck nutzen. Übrigens ein schöner Nebeneffekt: Der Kühlschrank wird wahrscheinlich eine höhere Lebenserwartung haben.

- Doofkram! Bei mir hat's heute minus 12° C! Da friert doch alles ein! Der Tipp taugt nur für Tauwetter in Spitzbergen. Minus 12 Punkte!

- Der Tipp ist fast so gut wie Grillen auf dem Motorblock eines laufenden Pkw-Motors. Achtung, nur machen, wenn du sowieso gerade fahren musst, denn sonst sparst du auch hier nicht.

- Na ja, wer zum Frühstücken gerne Hammer und Meißel benutzt, kann bei –15 ° C gerne alles rausstellen. Marmelade aufs Brot, dann nur noch mit Stichsäge und Schraubstock. *lach*

- Besser das Ganze im Keller aufbewahren. Habe mehrere Jahre OHNE Kühlschrank gelebt und hatte keine Probleme damit.

- Ja, weil du wahrscheinlich immer bei Mutti zum Essen warst!

Zum Thema (Eigen-)Energie sparen fällt mir auch noch ein supertoller Tipp ein: Einfach nicht mehr selber waschen, sondern die dreckigen Klamotten bei Mutti abliefern! Wie von Zauberhand ist dann alles gewaschen, getrocknet und gebügelt, wenn ich in ein paar Tagen wieder auftauche. Das spart enorm viel Zeit, Energie, Geld und Nerven.

Hey, wann wollen wir eigentlich mal erwachsen werden? Mit 50?

Na, wenn das dein einziges Kriterium für Erwachsensein ist: Am besten erst mit 70, wenn ich ins Altersheim muss. Dann geht das nahtlos ineinander über.

Hallo! Wir schreiben unsere Bücher doch gerade für alle, die keine Muttis oder Vatis zur Verfügung haben! Deshalb geht es gleich weiter mit Spartipps beim Waschen, Putzen und Spülen.

Tabs für die Geschirrspülmaschine halbieren

Wer bares Geld sparen will, halbiert einfach die Tabs für die Spülmaschine – und spart. Ein halber Tab reinigt genauso gut wie ein ganzer.

Das meint die Jury:

- Wie halbieren?

- Ganz einfach: noch in der Verpackung auf ein Holzbrettchen legen, ein scharfes Messer auf dem Tab platzieren, Handtuch über die Klinge legen und mit der flachen Hand draufschlagen. Schon ist der Tab halbiert.

- Pulver ist besser, denn das kann man genauer dosieren. Je nach Bedarf (Verschmutzungsgrad) mal mehr, mal weniger.

- Hab den Tipp gleich ausprobiert, und er funzt einwandfrei. Picobello sauber, wie mit einem ganzen Tab.

- Beim Sparprogramm benutze ich immer einen halben Tab – und das Geschirr wird einwandfrei sauber.

- Vorsicht bei der Unterdosierung von Spülmitteln! Wenn irgendwann die Leitungen mit Fett verstopft sind, kommt es euch viel teurer als die ganzen Tabs. Außerdem gibt es gute Tabs von den Discountern – pro Stück 0,03 Euro. Der ganze Aufwand wegen anderthalb Cent?

Weniger Waschmittel und Seife verbrauchen durch Soda

Wenn kein weiches Wasser aus der Leitung kommt, kann man sparen, wenn man (statt der Vorwäsche) die Wäsche in der Waschmaschine vor dem Waschen über Nacht einweicht – und zwar in einer Lösung aus Wasser und Waschsoda. Aber das Soda muss unbedingt vorher einige Zeit mit dem Wasser reagieren, damit der Kalk herausgelöst wird. Genaue Angaben stehen auf der Soda-Packung oder im Internet.

Das meint die Jury:

- Was nützt mir eingespartes Waschpulver, wenn ich dafür was anderes kaufen muss?

- Eingespartes Waschpulver nützt in dem Fall viel, denn das Waschsoda ist erstens superbillig und zweitens absolut umweltfreundlich.

- Kann ich auch farbige und dunkle Wäsche damit problemlos einweichen? Habe nämlich Waschsoda gekauft, da ich den Mief aus verschwitzter Wäsche nicht mehr herausbekomme. Habe es allerdings noch nicht ausprobiert.

- Klappt hervorragend. Keine Sorge wegen der hässlichen Brühe, die beim Einweichen entsteht!

- Muss man denn unbedingt über Nacht einweichen? Ich wasche mit Waschnüssen und möchte gerne bei weißer Sechzig-Grad-Wäsche einen Teelöffel Soda ins Waschmittelfach geben. Bringt das was?

- Bei stark verschmutzter Wäsche bringt Einweichen sehr viel. Ich weiche meine Wäsche mit Waschpulver und einem Löffel aufgelösten Soda ein, und das mit durchschlagendem Erfolg.

- Maschine ohne Vorwäsche zehn Minuten laufen lassen und sich in Ruhe zur Nacht betten. Noch Entkalker dazu, und man braucht kaum Waschmittel.

- Einer der besten Tipps überhaupt! Waschsoda is sooo billig und sooo ergiebig und eignet sich auch in Wasser gelöst hervorragend zum Reinigen von Friteusen, fettigen Backblechen und Pfannen – ein absolut empfehlenswerter Allesreiniger.

Perlonstrumpf als Staubtuch

Teure Staubwischtücher für den Fußboden kann man sich sparen. Die ausgedienten Perlonstrumpfhosen erfüllen den gleichen Zweck. Die sind auch für Laminatböden oder Parkett bestens geeignet. Einfach die Strumpfhosen über den Mob oder Besen spannen und damit den Boden wischen. Der Staub wird angezogen wie ein Magnet.

Das meint die Jury:

- Strumpfhosen brauche ich nur für meine Geldgeschäfte. Ohne erkennen mich die Kassiererinnen doch kaum!

- Mit den Nylons mache ich auch Waschbecken und so weiter sauber. Wirken wie Microfasertücher.

- Kann ich nur bestätigen. Bevor ich ausgediente Nylonstrumpfhosen wegschmeiße, wasche ich damit einmal die Bade- und Duschwanne durch. Sind noch besser als die Microtücher.

- Zum Pflegen meiner lackierten Holzoberflächen benutze ich einen farblosen Schuhglanz-Schwamm, der eigentlich zur Lederpflege gedacht ist. Ist günstig und geht schnell!

Lackierte Holzoberflächen? Ich putze ja nicht mal meine Schuhe!

Genau das wäre aber mal angesagt. Und noch'n paar richtig gute Ideen: Hemden, T-Shirts und Hosen bügeln. Und abgefallene Knöpfe wieder annähen.

Das dauert doch Tage!

Nicht unbedingt, Ingo. Wir haben da so unsere Tricks:

Bügeln mit Zeitungspapier

Die Hose exakt auf dem Bügelbrett ausrichten. Zeitungspapier auflegen und dann bügeln (nicht befeuchten!). Keine Angst, die Druckerschwärze wird nicht auf die Hose übertragen, wenn man darauf achtet, dass Hose und Papier trocken sind. Weiße Hosen vorsichtshalber nicht so bügeln :-).

Geht superschnell, die Bügelfalten halten gut und man muss nicht in noch feuchte Beinkleider steigen.

Das meint die Jury:

- Das klappt auch mit Backpapier. Wenn man das Backpapier danach vorsichtig zusammenfaltet, kann man es sogar mehrmals verwenden.

Knitterfalten mit dem Föhn bekämpfen

Wenn Klamotten lange im Schrank oder im Koffer lagen, sind viele Knitterfalten drin. Der einfache und schnelle Tipp: T-Shirt oder Ähnliches auf einen Bügel hängen und föhnen.

Das meint die Jury:

- Guter Tipp vor allem für unterwegs, zu Hause kann man die Klamotten auch kurz in den Trockner werfen.

- Klappt das auch bei faltiger Haut?

- Wenn du den Föhn durch den Sandstrahler ersetzt.

- Gute Idee! Oder mit einem feinen Zerstäuber Wasser ansprühen und glattstreichen – trocknet schnell (eventuell auch föhnen).

Knöpfe mit farblosem Nagellack fixieren

Wenn du nicht gerne Hemden- oder andere Knöpfe annähst, kannst du dir diese Arbeit sparen, indem du die Knöpfe bei neuen Hemden mit farblosem Nagellack bestreichst, sodass sich die Fäden vollsaugen.

Das meint die Jury:

- Gute Idee!

- Knöpfe, die mit Zahnseide (ungewachst) angenäht sind, halten auch lange.

- Ich verwende dazu seit Jahren weißen, wasserfesten Holzleim, da ich keinen Nagellack besitze. Es genügt, nur die Knopffäden etwas zu benetzen, sodass diese zusammenkleben.

- Holzleim!? Weißt du, wie danach mein neues Hemd aussieht, dann stört auch der fehlende Knopf nicht mehr!

Wow, eindrucksvoll! Gibt's denn noch mehr Zeitsparmöglichkeiten?

Kleidung? Lasst die Männer ran!

Du hast muffige, dreckige Kleidung …

Eine Frau würde nun die Wäsche nehmen, sie nach einer Woche noch stinkiger aus dem Wäschekorb ins Waschbecken verfrachten, sie dort ordentlichst durchrubbeln, bis das Wasser die Farbe des

Kleidungsstücks angenommen hat, und dieses dann in die Waschmaschine tun. Nach etlichen Stunden Umherschleuderns und purer Durchnässung wird das Kleidungsstück dann an einem Wäscheständer gekreuzigt, und da das noch nicht genug ist, wird das arme Stück Kleidung zu guter Letzt noch mit einer 250 ° C heißen Eisenplatte konfrontiert!

Der Mann dagegen legt sein Kleidungsstück über einen Stuhl und kann es nach drei bis vier Tagen wieder benutzen. Bei mir hat es bisher immer funktioniert.

Das meint die Jury:

- Guter Tipp. Denn, wie wir alle wissen, bleiben Dreck und Schweiß am Stuhl haften. Wozu also waschen? Einfach nach drei bis vier Wochen den Stuhl auf den Sperrmüll werfen und so Geruch und Dreck loswerden.

- Bah, was für eine Sauerei.

- Wenigstens mal jemand, der sich zu helfen weiß, wenn die Waschmaschine ausfällt. Gut so!

- Wäscht sich der Mann oder häng ich den auch über den Stuhl?

- Ich stelle meine Hose abends immer ins Eck!

- Stinkige Kleidung, besonders, wenn diese nicht waschbar ist, legt man in die Gefriertruhe und schüttelt sie nach dem Herausnehmen gut aus.

- Der Tipp könnte von meinem ältesten Sohn stammen – gruselig, aber lustig !

- … du hast einfach noch nicht gemerkt, dass Mutti ab und an in deinem Zimmer die Klamotten einsammelt.

Zeit sparen nach dem Duschen

Wer eine Glasduschabtrennung und kalkhaltiges Wasser hat, kennt das Problem: Die Duschabtrennung muss, wenn sie einigermaßen manierlich aussehen soll, nach jedem Duschen zumindest mit dem Abzieher gereinigt werden.

Ich reibe unsere Abtrennung mit Regenabweiser, erhältlich im Autozubehörmarkt, ein. Einfach wie beschrieben auftragen, und das Wasser perlt beim Duschen prima ab. Das anschließende Abziehen kann man sich sparen.

Das meint die Jury:

- Klingt gut. Werde ich mal ausprobieren. Die herkömmlichen Reiniger gegen Kalk sind ja nicht so zu empfehlen.

- Ich mache das auch immer. Ist wirklich sehr empfehlenswert. Und verringert den Arbeitsaufwand um einiges.

- Hi, super Tipp. Muss ich zuvor die Abtrennung voll entkalken und mit Glasreiniger vorputzen?

- Ich hab die Dusche vorher gründlich entkalkt und gereinigt, sonst hält das Zeug wahrscheinlich nicht.

- Habe mir das Zeugs besorgt und kann nur bestätigen: Spitze! Selbst die Waschbecken und die Fenster glänzen sehr lange. Tropfen rollen einfach von der Oberfläche.

Schneller duschen mit Duschtraining

Wer beim Duschen Wasser sparen will, der nimmt eine Eieruhr mit ins Bad (bzw. in die Dusche, wenn der Zeitmesser wasserdicht ist). Die Uhr auf eine bestimmte Zeit (etwa drei bis fünf Minuten) stellen und dann trainieren: Bis die Eieruhr abgelaufen ist, sollte man fertig sein.

Das meint die Jury:

- Lustige Idee, sich daraus einen Sport zu machen!
Früher beim Camping in Spanien musste man Duschmarken kaufen, damit man warmes Wasser bekam. Die Dusche lief dann etwa vier Minuten. Mit etwas Koordination konnten wir mit fünf Personen für einen Duschchip duschen (und waren immer alleine in der Dusche !!!) ;-)

- Mir macht es aber Spaß, mich manchmal etwas länger zu duschen.

- Noch'n Tipp: Beim Einseifen Wasser abstellen.

- Wer beim Duschen Wasser sparen will, lässt es halt nicht die ganze Zeit laufen. Jetzt auch noch in der Dusche mit der Hektik anzufangen, halte ich für groben Unfug.

- Ihr könnt ja, bevor ihr in die Dusche geht, das Frühstücksei ins kochende Wasser legen. Dann die Eieruhr auf drei Minuten, und ihr habt nicht nur Wasser gespart, sondern auch noch ein perfektes Drei-Minuten-Ei!

Na, das ist dann wohl Multi-Tasking für Fortgeschrittene. Wo bleibt die Wellness? Sollen wir uns vielleicht auch noch beim Sex beeilen?

Du hast ja recht, Kathrin, man kann alles auf die Spitze treiben …

Populäre Fehlentscheidungen beim Zeitsparen

Eine Top-Ten-Liste

1. Fast Food
2. Express-Dienst der Post
3. Sofortkredit
4. DSL
5. Kurzurlaub
6. Zeitmaschine
7. Warp-Antrieb
8. Short Message System
9. Ikea
10. Quickie

Super, also vielen Dank, Muttis! Das hilft uns jetzt wirklich weiter!

Ja, echt wahr! Toll!

Halt, halt, nicht so schnell. Das Beste haben wir uns nämlich für den Schluss aufgehoben. Die Antwort auf eine Frage, die uns allen schon lange unter den Nägeln brennt! Die Lösung eines Rätsels, das schon Tausende junger Menschen an den Rand des Abgrunds und darüber hinaus getrieben hat. Ein tiefer Schluck aus dem Quell der Erkenntnis …

Mensch, hört doch auf zu labern! Um was geht es denn?

Seht selbst!

Wann ist Wasser gar?

Den rechten Zeigefinger etwa fünf Sekunden in das Wasser halten. Wenn sich die Haut leicht abschält, ist das Wasser gar.

Das meint die Jury:

- Schön. Darf ich die abgeschälte Haut als Beilage servieren?

- Man kann es auch daran sehen, dass das Wasser nicht am Topfdeckel kleben bleibt, wenn man es auf selbigen gibt.

- Alternativ zur Fingermethode hat sich auch Folgendes bewährt: Einfach einen Hamster, ein Meerschweinchen oder ein Kaninchen ins Wasser zu werfen. Nach fünf Sekunden hören die jämmerlichen Quiekgeräusche auf, dann ist das Wasser gar.

- Wirf das Wasser einfach an die Wand. Wenn sich die Tapete verfärbt und ablöst, kann man davon ausgehen, dass es gar ist.

- Ihr Witzbolde! Wenn das von Kindern gelesen wird und die testen das aus …

- … und erst die Tierschützer!

- Geht das auch mit dem linken Ringfinger?

• Man kann es sich auch in den Schritt kippen, und wenn's wehtut, ist es gar.

• Super!!!!!!

• Kurz mit einem Zahnstocher in das heiße Nass stechen. Geht dieser Vorgang leicht von der Hand, ist das Wasser wohl gar.

• Kleiner Tipp: Wenn das Wasser schwarz ist, dann ist es zu spät.

• Wasser ist gar, wenn es eine Haut bildet, in der die meisten Vitamine und Mineralstoffe sitzen. Dann muss man nur noch eine Prise Kochsalz einwerfen und vorsichtig durch ein Sieb abgießen.

• Nein, nein! Man muss das Wasser auf die Hälfte einkochen lassen! Erst dann ist es garantiert gut durch. Und lecker!

• Der Tipp funktioniert. Aber nicht vergessen: Regelmäßiges Umrühren verhindert das Anbrennen des Wassers.

• Auuuuuuuuuuaaaaaaaaahhhhhhhhh.

• Wenn ihr nicht das gesamte Wasser verbraucht, könnt ihr es auch einfrieren, heißes Wasser kann man immer gebrauchen.

• Ich dachte immer, das Wasser sei gar, wenn es beim Anschnitt nicht mehr rötlich gefärbt ist. (Falls man sein Wasser nicht lieber medium oder englisch haben möchte.)

• Also, ich habe jetzt schon den dritten Hamster reingeworfen. Immerhin hat es diesmal nur noch zehn Sekunden gedauert, bis er still war. Dann ist es wohl gleich so weit, oder?

• Einfach ein paar Eiswürfel hineingeben. Nach deren vollständiger Auflösung das Wasser noch etwa zwei bis drei Stunden kochen lassen. Wenn die Blasen beim Hineinstechen leicht zerplatzen, ist es wahrscheinlich gar.

- Wenn es zu lange dauert, bis das Wasser gar ist, kann man es auch in einen Schnellkochtopf umfüllen.

- Mal ne andere Frage: Wie kriege ich denn einen Kochtopf sauber, in dem mir Wasser angebrannt ist, habe dieses Problem öfters.

- Einfach den Topf nochmal mit frischem Wasser auffüllen und zurück auf die Herdplatte. Das frische Wasser löst das angebrannte Wasser, und der Topf ist schnell wieder sauber.

- Es ist ja alles richtig, was ihr da schreibt, doch würde ich das Wasser im halbgaren Zustand dem Topf entnehmen, in Alufolie einwickeln und noch zehn Minuten stehen lassen. Warum das Ganze? So bleibt das Wasser schön saftig und nach den zehn Minuten ist es auch vollständig durchgegart. Würde man das Wasser ganz im Topf garen, wird es trocken und zäh. Und das mag ja bekanntlich niemand!

- Danke für den Tipp. Ich lasse das Wasser meist 10 bis 15 Minuten im Topf und stelle es danach für etwa 30 Minuten in den Backofen bei 190° Celsius. Es wird schön knusprig und bleibt innen saftig. Eine Variante ist auch: Etwas Wassergeschmack beifügen für ein etwas intensiveres Geschmackserlebnis!

- Ach, ihr habt doch alle keine Ahnung. Wasser ist erst dann richtig genießbar, wenn man reingespuckt hat und sich das Ganze RECHTS herumdreht. Gilt aber nur für die nördliche Halbkugel. Südlich des Äquators dreht es sich LINKS herum.

- Es geht viel schneller, wenn man das Wasser in der Mikrowelle garen lässt. Dazu nimmt man einen Edelstahltopf und füllt diesen mit Wasser, dann stellt man ihn für etwa 40 Minuten in die Mikrobenwelle (damit es auch wirklich gar wird). In der Zeit kann man neues Wasser einkaufen gehen. Wenn man dann zurückkommt und die Feuerwehr vor dem Haus parkt, ist das Wasser gar.

- Wasser kann man aber zum Beispiel auch wie Früchte einfach trocknen. Auf diese Weise hält es sich sehr lange. Vorsicht aber, wenn man von getrocknetem Wasser zu viel isst, das kann wie bei Trockenfrüchten zu Durchfall führen.

- Kauft euch doch einfach ein Bratenthermometer, dann könnt ihr die Kerntemperatur messen.

- Übrigens: Wenn man altes Brot in Wasser aufbewahrt, dann wird es nicht hart!

Wie wild weiterklicken

… haushaltstipps.net
… putzen.de
… stromtip.de
… spargeraete.de
… verbraucherzentrale.de

Sparen @ Professional

Ingo: Umpf, was für ein Höllentag im Büro! Heute ging aber auch alles schief! In der U-Bahn bin ich eingedöst und erst an der Endstation aufgewacht. Die Dame bei uns am Empfang hat ganz schön streng geguckt, als ich endlich kurz vor zehn im Büro aufgekreuzt bin. Beim ersten Kaffee habe ich mir dann die Sahne zielgerichtet auf meiner Krawatte verteilt. Und kurz darauf rief mich schließlich der Chef zu sich. Ich musste mein Jacket quasi bis unter das Kinn zuknöpfen, damit er die Bescherung nicht sah!

»Ist Ihnen kalt?«, fragte er mich und knallte mir einen zehn Zentimeter dicken Stapel Blätter vor die Nase. Der Kollege ist krank geworden oder hat Kinder gekriegt oder ist in die Fremdenlegion gegangen. Egal, habe ich schon verdrängt. Jedenfalls war das der Projektentwurf, den er zurückgelassen hatte. Und nun soll ich das ganze Ding in einer großen Sitzung beim Kunden »pitchen« – morgen! Danach konnte ich vor Panik erst mal keinen klaren Gedanken fassen. Und jetzt sitze ich hier mit dem Haufen Papier und sehe absolut kein Land!

Muttis: Lieber Ingo, man wächst mit seinen Aufgaben und Jammern hilft definitiv nichts. Also: Zunächst musst du dir einen Überblick verschaffen. Das geht jetzt nur mit Speedreading

Schneller lesen – Speedreading für Anfänger

Wer kennt das Problem nicht? Es ist Abend, vor dir auf dem Schreibtisch liegt eine unglaubliche Menge Papier, das bis zum nächsten Morgen durchgelesen und verstanden sein will.

Denn dann droht das Referat, der Vortrag, die Prüfung, der Pitch. Für die geschätzten 500 Seiten hast du lachhaft wenig Zeit. Jetzt ist guter Rat teuer. Aber nicht bei uns! Wir stellen hier eine Strategie vor, die dir hilft, in dieser vertrackten Situation jede Menge Zeit und Nerven zu sparen.

1. Zeitplan erstellen

Mach dir zunächst einen knallharten Zeitplan. Wie viele Stunden kannst du realistischerweise noch konzentriert arbeiten, ohne am nächsten Tag auszusehen wie dein eigener Opa? Teile dir nun diesen Zeitraum klar ein. Jeder anstehende Arbeitsschritt (etwa Recherche, Lesen, Zusammenfassen, Schreiben, Probevortrag) sollte einen klaren Anfang und ein klares Ende haben. An das du dich sklavisch hältst!

2. Struktur erfassen

Versuche nun, die Struktur des Textes zu verstehen. Schnappe dir also das Inhaltsverzeichnis oder – wenn es das nicht gibt –, notiere dir die Zwischenüberschriften aus dem Text. Werde dir nun anhand dieser Struktur darüber klar, was der Autor wahrscheinlich sagen will. Bei einem Sachtext will der Verfasser meistens ein oder mehrere Argumente oder Sachverhalte darlegen. Am besten notierst du dir in knappen Stichworten, was deiner Meinung nach Zweck dieses Textes ist. Völlig wurscht, ob das hinterher falsch war – in jedem Fall kannst du später darauf zurückkommen.

3. Zusammenfassung suchen

Oft hat ein Sachtext eine Art Zusammenfassung. Okay, das steht selten in fetten Buchstaben darüber. Aber es lohnt sich, danach Ausschau zu halten. Meistens findet sich so etwas am Ende. Das Inhaltsverzeichnis gibt dir vielleicht einen weiteren Hinweis. Natürlich kannst du jetzt auch das allwissende Internet befragen. Dort gibt es beispielsweise so nützliche Seiten wie getabstract.com, wo man für Geld Zusammenfassungen von unzähligen Büchern herunterladen kann. Das ist nützlich, aber nicht billig. Aber wie gesagt: Oft hat das auch der Autor schon im Text selbst besorgt.

4. Speedreading
Achtung, anschnallen! Jetzt kommt der anstrengende Teil. Mit Speedreading kommst du in Hochgeschwindigkeit durch den Text, allerdings ist volle Konzentration gefragt. Zunächst sollten die Rahmenbedingungen stimmen: Gute Beleuchtung, Lesehilfen (Lineal oder Ähnliches), ein Ausdruck auf einem hochwertigen Drucker (nicht am Bildschirm lesen!) und eine gewohnte Schriftart (wenn du sie dir selbst aussuchen kannst). Und so funktioniert das Schnellschmökern: Lese den Text nicht Wort für Wort, sondern in Wortgruppen, Sätzen oder sogar Absätzen. Dabei ist neben voller Konzentration auch ein wenig Intuition gefragt. Denn mit der Zeit lernst du intuitiv, die wichtigen von den unwichtigen Sätzen und Absätzen zu unterscheiden.

Leider ist das Ganze auch ein wenig Übungssache. Also wird aus dir vielleicht nicht auf Anhieb ein Michael Schumacher des Lesens. Trotzdem ist das Speedreading eine lohnenswerte Technik, die man immer wieder gebrauchen kann.

5. Mut zur Lücke
Zu guter Letzt gilt auch hier, was im Leben immer wieder nützlich ist: der Mut zur Lücke. Niemand kann immer alles wissen. Auch du nicht. Sei entscheidungsfreudig und lass einfach immer mal etwas weg. Vertraue auch hier auf deine Intuition. Oder auf das Unwissen deiner Zuhörer, Prüfer und Chefs. Es kommt in erster Linie darauf an, dich selbstbewusst zu präsentieren. Verschiedene Studien belegen, dass bei der zwischenmenschlichen Kommunikation nicht der Inhalt, sondern die Form entscheidend ist. Das als Trost.

Okay, vielen Dank, das ist schon mal der erste Schritt. Aber ich muss euch noch ein Geständnis machen.

Geständnis? Ist Kathrin schwanger?

Blödsinn! Nein, ich habe keine Ahnung, was ein Pitch eigentlich sein soll. Außer dass mein Vater beim Golfen immer pitched oder pitchen tut oder pitch macht oder wie auch immer. In jedem Fall drischt er mit dem Schläger auf diese kleinen weißen Bälle. Aber das hat mein Boss mit Sicherheit nicht gemeint. Ich war aber so eingeschüchtert, dass ich mich nicht getraut habe nachzufragen. Könntet ihr mir da helfen?

Klaro!

Zeitsparen beim Reden – der Pitch

Was ist das nun wieder? Ganz einfach: die Espresso-Version eines zehnminütigen Referates – reduziert auf maximal fünf Sätze. Ganz ohne Powerpoint und doppelten Boden. In den Zeiten der fortgesetzten Beschleunigung wird diese Vortragstechnik immer wichtiger. Entstanden ist der Pitch oder auch Elevator Pitch, so die Legende, in den 1980er-Jahren, als junge ehrgeizige Mitarbeiter in großen Unternehmen mit ihren Ideen nicht zum Big Boss vordringen konnten, weil der von seiner Sekretärin abgeschirmt wurde. Die Lösung: Man passte den Chef am Aufzug ab, stieg mit ihm ein – und genoss etwa 60 Sekunden ungeteilte Aufmerksamkeit. Heute wird diese Technik immer öfter verwendet – zur Eröffnung von Verkaufsgesprächen etwa oder in den kreativen Branchen – und entsprechend von Arbeitgebern erwartet.

Ganz klar, es gibt Leichteres, als ein Projekt in einer Minute so zusammenzufassen, dass dein Gegenüber alles kapiert und ebenso wahnsinnig begeistert ist wie du selbst. Aber es geht! Hier eine kleine Anleitung:

Erster Schritt: Erste Fassung niederschreiben – und kürzen.
Hier kommt es noch nicht auf Kürze an. Schreib es auf, sodass da am Schluss vielleicht drei Seiten Text stehen. Dann machst du dich ans Kürzen: Streiche alle Nebensätze, die nicht unbedingt notwendig sind, alle Füllwörter, alle überflüssigen Aussagen, alle Erklärungen, die nicht absolut essenziell sind. Damit kommst du wahrscheinlich auf eine Seite Text. Das ist natürlich immer noch zu viel.

Zweiter Schritt: Gib dem Text eine klare Struktur – und kürze weiter.
Werde dir nun über die Logik deines Vortrages klar. Am besten orientierst du dich an der AIDA-Formel : Errege Aufmerksamkeit, wecke Interesse und Verlangen – und skizziere schließlich den nächsten Handlungsschritt (Attention, Interest, Desire, Action). Wenn du deinen Text an diese Struktur angepasst hast, kürze ihn nochmals.

Dritter Schritt: Übe deinen Vortrag – und optimiere die Sprache.
Jetzt heißt es: Ran an den Speck. Trage deinen Pitch vor. Spätestens jetzt merkst du, wo es sprachlich noch hakt. Eliminiere lange und zusammengesetzte Worte. Vermeide passivische Formulierungen und verwende nie »man« als Subjekt eines Satzes. Der Konjunktiv ist ebenfalls tabu – er suggeriert Unsicherheit. Stoppe die Zeit, die du brauchst. Zwei Minuten? Zu lang, weiter kürzen! Und ganz zum Schluss: Trage es als Generalprobe deinem Freund oder deiner Freundin vor.

Alles paletti? Auch hier ist alles eine Sache der Übung. Dein erster Pitch wird dich endlose Vorbereitungen kosten. Aber beim nächsten Mal geht es schon viel schneller. Und irgendwann schüttelst du das einfach so aus dem Ärmel. Versprochen!

Keine Langeweile mehr im Aufzug

Wenn du mal wieder Fahrstuhl fährst und kein Chef da ist, dem du etwas pitchen kannst, hier ein paar Vorschläge gegen Aufzugslangeweile:

– Wenn außer dir nur noch eine andere Person im Aufzug ist, tippe ihr auf die Schulter und tu dann so, als wärst du es nicht gewesen.
– Drück auf einen Knopf, und lasse es aussehen, als ob er dir einen elektrischen Schlag verpasst. Dann lächle und wiederhole das Ganze.
– Biete anderen Leuten an, für sie die Knöpfe zu drücken, aber drücke die falschen.
– Halte die Türen offen und erkläre, dass du auf einen Freund wartest. Nach einer Weile lässt du die Türen schließen und sagst: »Hallo Jörg, wie war dein Tag?«
– Lass einen Stift fallen und warte, bis ihn jemand für dich aufheben will, dann brüll ihn an: »Das ist meiner!«
– Stell deinen Schreibtisch in den Aufzug und frage alle Leute, die hereinkommen, ob sie einen Termin haben.
– Lege eine Schachtel in eine Ecke, und wenn jemand den Aufzug betritt, frag ihn, ob er auch so ein seltsames Ticken hört.
– Tu so, als wärst du eine Stewardess, und übe das Verhalten im Notfall und den sicheren Ausstieg mit den Fahrgästen.
– Frage die Leute: »Haben Sie das auch gerade gespürt?«
– Stelle dich ganz nah an jemanden heran und schnüffle gelegentlich an ihm herum.

– Wenn die Türen schließen, erkläre den anderen: »Es ist alles okay. Keine Panik, die Türen werden sich wieder öffnen!«
– Schlage nach nicht-existenten Fliegen.
– Mach ein schmerzverzerrtes Gesicht, während du auf deine Stirn schlägst und murmelst: »Seid doch still, seid doch endlich alle still!«
– Öffne deinen Geldbeutel, schau hinein und frage: »Kriegt ihr auch genug Luft da drin?«
– Stehe still und bewegungslos in einer Ecke, schau die Wand an und bleib dort einfach die ganze Zeit stehen.
– Trage eine Handpuppe bei dir und benutze sie, um mit den andern zu reden.
– Starre eine Weile lang einen anderen Passagier an, grinse und erkläre nach einer Weile: »Also, *ich* trage frische Socken.«
– Male mit weißer Kreide ein kleines Quadrat auf den Boden und erkläre den anderen Fahrgästen, dass dies deine Zone ist.

Das meint die Jury:

- Mit ein bisschen Glück gibt es freie Kost und Logis. Entweder in der Klapse oder hinter Gittern.

- Wie langweilig muss eigentlich jemandem sein, um so etwas zu machen?

- … genial! Das mach ich mal, wenn ich mit meiner Freundin shoppen muss!

- Hmm, bei uns gibt es nur fünf Stockwerke, das ist zu wenig.

Sehr witzig! Meine Sitzung war übrigens ganz okay, lief nicht schlecht, das Ganze.

Nicht schlecht? Die waren doch alle ganz begeistert von deiner Idee. Sind nicht sogar einige aufgestanden und haben applaudiert?

Doch, doch. Stimmt schon, ich habe mit meiner Präsentation das Rennen gemacht. Hinterher hat der Chef mich gelobt und mir gleich mein erstes Projekt in Eigenverantwortung verpasst. Das ist natürlich eigentlich richtig super. Wenn da nicht dieses Kick-off-Meeting wäre …

Was ist damit?

Na ja, ich habe so etwas noch nie gemacht! Eine Sitzung leiten.

Zeit und Ärger sparen bei Meetings

»Sind Sie einsam? Arbeiten Sie allein? Treffen Sie ungern Entscheidungen?

Dann machen Sie doch eine Sitzung! Sie können dann sehen, wie andere Leute in Ruhe schlafen, Entscheidungen verschieben, sich wichtig fühlen, ihre Kollegen beeindrucken oder langweilen. Und all dies während der Arbeitszeit. Sitzungen sind die praktischste Alternative zur Arbeit!«

Ja, das ist leider Alltag in vielen deutschen Arbeitsstätten. Nervende, langweilige und völlig unproduktive Meetings. Doch es geht auch anders!

Hier sind die wichtigsten Tipps, damit ihr in Sitzungen nicht untergeht, sondern alles im Griff habt:

1. Bereite dich vor – und bleib locker
Vorbereitung ist sehr wichtig: Welche Ziele möchtest du in der Sitzung erreichen? Wer wird an der Sitzung teilnehmen? Wie werden die Kollegen auf deine Vorschläge reagieren? Welchen Verlauf wird die Sitzung nehmen? Nur wenn du dir intensiv

darüber Gedanken gemacht hast, kannst du es während des Meetings locker angehen lassen. Das überträgt sich auf alle anderen Teilnehmer. Und so wirst du einen souveränen Eindruck hinterlassen.

2. Halte dich an die Spielregeln – und brich sie gelegentlich
Es gelten auch für dich die üblichen Spielregeln: Lass die Kollegen ausreden, halte keine Monologe, werde nicht persönlich in der Diskussion. Aber wie immer im Leben ist es auch hier manchmal notwendig, die Grenzen zu übertreten. Einen labernden Vielredner muss man irgendwann stoppen. Außerdem möchtest du dich präsentieren, weshalb du die knappe Redezeit durchaus mal überziehen kannst. Und wenn dir jemand partout schräg von der Seite kommt, darf man auch mal etwas lauter werden.

3. Beginne pünktlich – und überziehe nicht
Wenn du schon mit Verspätung in die Sitzung startest, stehst du von Anfang an unter Druck. Denn wenige Dinge nerven so wie ein endloses Meeting. Das Treffen sollte einen klar definierten Anfangs- und Endpunkt haben. Und an die hältst du dich auch. Als Rahmenwert kannst du maximal 90 Minuten ansetzen. Nach dieser Zeitspanne ist definitiv jeder im Raum kurz vor dem Tiefschlaf.

4. Sei hart – aber sachlich
Hart in der Sache, herzlich im Ton. Das wäre der Idealfall. Aber das ist natürlich schon sehr viel verlangt. Deshalb versuche es zunächst mit Sachlichkeit, ohne deinen eigenen Standpunkt aufzugeben. Ein guter Trick ist es, bei scharfen Angriffen auf die eigene Position inhaltliche Rückfragen zu stellen: »Können Sie mir erklären, wie Sie das genau gemeint haben?« Das nimmt den Druck aus der Diskussion und gibt dir Zeit, über deine Reaktion nachzudenken.

5. Protokoliere gründlich – aber nicht alles
Auch wenn es einen offiziellen Protokollführer gibt, solltest du dir ebenfalls Notizen machen. Am besten ist es, wenn du selbst die abschließende schriftliche Inhaltsangabe verfasst und an die Teilnehmer verschickst. Der Grund: So kannst du die diskutierten Sachverhalte noch geringfügig, aber manchmal entscheidend modifizieren. Sollte dir deshalb jemand einen Vorwurf machen, kannst du dich auf die Position zurückziehen, dass es lediglich falsch notiert war. Wenn sich allerdings keiner beschwert, dann gilt deine Version. Und du hast gewonnen.

Ihr habt aber auch auf alles eine Antwort! Mal sehen ... ich komme morgens zum Beispiel immer so schlecht aus den Federn ...

Aufstehen musst du schon selbst. Aber für danach haben wir hier noch etwas.

Speed-Frühstücken

Unter der Woche ist die Zeit zum Frühstücken knapp. Hier mein Tipp: Am Vorabend benötigtes Geschirr und unverderbliche Zutaten (Teller, Tassen, Löffel, Messer, Zuckerdose, Salzstreuer) auf ein Tablett stellen oder direkt auf den Tisch und die Kaffeemaschine vorbereiten (Kaffeepulver, Wasser). Im Übrigen brauchen vier Scheiben Toast im Gerät genau zwei Minuten. Der Kaffee läuft etwa acht Minuten und vier Frühstückseier im Kocher komplett (mit Abschrecken) etwa zehn Minuten. So organisiert, schafft man Frühstück in maximal 12 bis 15 Minuten für vier Personen. Bei zwei Leuten geht es etwas schneller.

Das meint die Jury:

- Ich glaube nicht, dass so ein Hetz-Frühstück sonderlich gesund ist. Dann doch lieber die Sachen einpacken, auf die Arbeit oder in die Uni mitnehmen und dort in Ruhe essen.

- Andere (angeblich ungesunde) Alternative: gar nicht frühstücken oder einfach eine Viertelstunde früher aufstehen.

- Bei uns wird der Tisch auch schon immer abends gedeckt, das spart morgens Zeit. Allerdings verwenden wir die gewonnene Zeit dann zum gemütlichen Frühstücken.

- Der Tipp ist im Großen und Ganzen nicht schlecht, aber das Kaffeepulver würde ich nicht am Vorabend in die Kaffeemaschine schütten, da der Kaffee dadurch an Aroma verliert.

- Schon drüber nachgedacht, dass mir die Zeit, die ich abends zum Tischdecken nutze, an Schlaf fehlt, für den ich dann am Morgen länger im Bett bleibe?

- Zeit kann man nicht sparen, nur anders nutzen.

Schneller wach werden: Der gesunde Wachmacher

Jeder kennt das: Morgens Kaffee in den Magen schütten macht zwar wach, aber es dauert sicher eine halbe Stunde. Kaltes Wasser ins Gesicht hilft manchmal, aber es überbrückt die Zeit zwischen Aufstehen und der Wirkung des Kaffees nicht. Also was tun?

Kaltes Wasser ist schon ein guter Anfang, aber man sollte es trinken, statt es ins Gesicht zu kippen. Klingt komisch, ist aber so. Ein Glas kaltes Wasser macht innerhalb von drei Minuten wach! Damit ist dann auch die Zeit, bis der Kaffee wirkt, überbrückt, und es hat die nette Nebenwirkung, dass man es billig aus dem Wasserhahn kriegt, wenn man sparen muss.

Das meint die Jury:

- Ich persönlich habe immer eine Flasche stilles Mineralwasser im Kühlschrank.

- Einfach früher ins Bett gehen.

- Ich musste mich zwar 20 Sekunden nach dem Glas Wasser übergeben, aber wach war ich!

- Morgens eiskaltes Wasser auf nüchternen Magen über zehn Jahre verursacht mindestens eine chronische Gastritis! Ich nehme nur Privatpatienten. Grüße von einem Gastroenterologen.

- Ich bin inzwischen zum Radiowecker übergegangen, der so anspringt, dass ich 'ne halbe Stunde zum Wachwerden habe. Und dann noch drei Lieder Zeit, um durch die Küche zu tanzen. Denn TANZEN MACHT WACH!!! Geht natürlich nur, wenn man sich einigermaßen ästhetisch bewegen kann (gelingt mir nach dem Aufstehen wahrscheinlich nicht sofort) oder tolerante (blinde) Mitbewohner hat.

- Das mit dem Wecker macht mein Freund auch so. Nur der, der davon viel zu früh wach wird, bin ich!

- Wasser ist in der Tat eine gute Idee, aber nur lauwarmes! Der Magen kriegt sonst wirklich einen Schock – denk mal an die warmen Länder dieser Erde: Dort trinkt man immer Tee, also ein warmes Getränk!

- Ein Glas Wasser am Morgen wirkt wie eine Dusche von innen. Aber es muss warm und still sein! Das ist gut.

- Ich würde einfache Morgengymnastik bevorzugen.

Ein Glas Wasser – wie aufregend …

Dir würde es sicher guttun! Bis du aus den Federn bist, habe ich ja längst den Tisch gedeckt und für den Kaffee gesorgt. Zeitmanagement ist ja nicht gerade deine stärkste Disziplin!

Da können wir Abhilfe schaffen!

Zeitmanagement im Job – spar dir die schlimmsten Zeitfresser!

Nur wer seine Feinde kennt, kann sie schlagen. Sagte schon Nachbar Meier beim Unkrautjäten. Und genauso ist es auch mit den großen Zeitfressern im Arbeitsleben: Kennen und ausmerzen, heißt hier die Losung. Deshalb kommen hier die entscheidenden Informationen – knapp und zeitsparend, versteht sich!

Planlosigkeit!
Was nervt?
Der Tag beginnt irgendwie zwischen Mails, Besprechungen und Kaffeepausen, plötzlich ist Mittagspause, danach wieder einige Mails und Besprechungen – und schon ist ein Arbeitstag futsch.
Das hilft!
Mache dir eine Prioritätenliste. Am besten zu Beginn der Woche. Führe die Liste jeden Tag: Ergänze und streiche die entsprechenden Posten. Das gibt deinem Arbeitstag mehr Struktur.

Unordnung!
Was nervt?
Wo war noch diese bescheuerte Gesprächsnotiz? Ach, da ist ja die Anfrage, die ich gestern dringend gebraucht hätte – hoppla, wo kommt denn diese Rechnung her? Egal, aber was wollte ich eigentlich?
Das hilft!
Führe ein intelligentes Ablagesystem ein. Hole dir dazu einfach Tipps von erfahrenen Kolleginnen und Kollegen. Man muss das Rad ja nicht neu erfinden. Und: Dann halte dich auch an dein Ablagesystem!

Gutmütigkeit!
Was nervt?
Der Kollege hat doch schon Ringe unter den Augen vom vielen Arbeiten. Die Sekretärin bekommt es einfach nicht hin. Der Azubi ist doch eigentlich zu unerfahren. Also wirst du den Job übernehmen. Obwohl du deine Überstunden längst nicht mehr zählst. Und selbst hundemüde bist.
Das hilft!
Nein sagen, und zwar immer wieder. Ist nicht leicht, aber die einzige Möglichkeit. Übe es zu Hause mit dem Partner oder Mitbewohner. Wenn selbst das nicht klappt, such dir einen Coach oder probiere eine Verhaltenstherapie. Auf die Dauer macht dich das sonst krank.

Eigensinn
Was nervt?
Kein Mensch ist eine Insel, sagen die Angelsachsen. Du schon. Dein Mantra: Ich schaffe das schon allein, vielen Dank! Jede Präsentation, jedes Protokoll, jede Projektbeschreibung muss von dir persönlich gemacht werden. Denn schließlich weißt nur du selbst, wie es am besten geht.

Das hilft!
Delegiere Aufgaben an die Kollegen. Zunächst kleinere Aufträge. Dann auch mal etwas Größeres. Achte dabei darauf, dass du deine Mitarbeiter richtig briefst. Sonst produzierst du nur selbsterfüllende Prophezeiungen. Nach dem Motto: Hab ich doch schon immer gesagt, dass der das nicht hinkriegt.

Nerven und Zeit sparen: Zettelwirtschaft

Es gibt Informationen, die man im Büro immer zur Hand haben muss. Oft stehen die auf kleinen Zetteln, die dann überall rumliegen und rumkleben.

Ordnung in diesen Zettelkrieg bringt eine transparente Bürounterlage (diese Plastikdinger, die leider meistens blau, rot, grün oder grau sind). Alle wichtigen Informationen, wenn möglich auf kleine Schrift reduziert, darunterschieben. Immer im Blick und trotzdem ordentlich!

Das meint die Jury:

- Durchsichtige Unterlagen gibt es gelegentlich für kleines Geld oft um den Schulanfang herum im Angebot.

- Eine kleine Erweiterung zu der Zettelwirtschaft wäre ein Schreibheft, wie man es aus der Schule kennt, Größe egal. Jeden Eintrag durchnummerieren und nach Erledigung ausstreichen. Alles ist dann kompakt dokumentiert und geht nicht verloren.

- Wozu die fortlaufenden Nummern?

● Durchnummerieren ist immer wichtig, und sei's für die Moral! Jawoll!

● Ich benutze immer noch die gute, alte Pinnwand. Ein Blick darauf und ein Aha, ja!!!!

Berühmte Zeitsparer der Weltgeschichte

Eine weder ernsthafte noch repräsentative Übersicht

Schneller joggen: Der Läufer von Marathon

Der wahre »Vorläufer« heutiger Zeitsparer war in Wirklichkeit gar kein Marathonisti – nach der ursprünglichen Überlieferung lief der Bote Philippides Ende August des Jahres 490 v. Chr. nämlich 245 Kilometer, und zwar in weniger als zwei Tagen! Zum Vergleich: Der gemeine antike Grieche benötigte für diese Strecke in dieser Zeit bestimmt zwei Wochen. Philippides überbrachte ein Hilfsgesuch der Athener nach Sparta, denn die griechischen Stadtstaaten wurden durch die Streitkräfte des Achämenidenreiches bedroht. Doch die Spartaner hatten wohl eine ziemlich coole Party am Laufen und wollten die Festivitäten nicht für solche Kinkerlitzchen unterbrechen. Erst 400 Jahre später bastelte man die Legende vom Marathon-Mann um. Nun sollte der schnelle Läufer lediglich ca. 40 Kilometer von Marathon nach Athen zurückgelegt haben, um dort von der Niederlage der eigenen Mannen zu berichten. Anschließend brach er tot zusammen.

Schneller segeln: Christoph Kolumbus

Der wagemutige Mann aus Genua war ein begnadeter Zeitsparer. Mit seiner Westroute wollte er Indien deutlich schneller erreichen als über den langwierigen Weg um Afrikas Südspitze oder über den noch entbehrungsreicheren Handelsweg der

Seidenstraße. Am 3. August 1492 stach er mit drei Schiffen in See und stieß schon gut zwei Monate später, am 12. Oktober auf Land. Das war um Monate schneller als die beiden anderen Routen! Einziger Schönheitsfehler: Er war gar nicht in Indien angelandet, sondern hatte zufälligerweise Amerika entdeckt. Bis Januar 1493 erholte sich Kolumbus dann bei ein wenig Insel-Hopping (Bahamas, Kuba, Haiti) von den Strapazen des Entdeckens, verlor ein Schiff (die berühmte »Santa Maria«) und kehrte schließlich in dem festen Glauben zurück, die Direttissima nach Indien gefunden zu haben.

Schneller untergehen: der Kapitän der »Titanic«

Ein mythischer Stoff, um den sich viele Legenden ranken. Warum war die »Titanic« mit voller Geschwindigkeit bei Nacht und Neumond durch ein Feld mit gewaltigen Eisbergen gedampft? Es wird berichtet, dass in jenen Stunden am 15. April 1912 Bruce Ismay von der Reederei White Star Line Kapitän Edward John Smith gedrängt haben soll, das Tempo nicht zu drosseln. Der Grund: Man wollte der Weltöffentlichkeit (die sich übrigens vor dem Untergang gar nicht so wahnsinnig für das »größte Schiff der Welt« interessiert hatte) die Leistungsfähigkeit des neuen Luxusliners demonstrieren. Ismay stritt hinterher alles ab, und Käpt'n Smith war mit seinem Schiff untergegangen, konnte also nichts dazu sagen. Experten sind sich jedoch einig, dass die Entscheidung von Smith, trotz zahlreicher Eiswarnungen Kurs und Geschwindigkeit beizubehalten, das abrupte Ende des Schiffes besiegelte. Smith war allerdings kein Anfänger, und er wurde posthum von allen Vorwürfen freigesprochen. Anscheinend fuhren Anfang des 20. Jahrhunderts alle Schiffe mit einem entsprechenden Affenzahn durch solche Eisfelder. Insgesamt keine gute Idee, bei der fehlenden Ausstattung an technischen Geräten. Jenes Eisfeld, an dem die »Titanic« scheiterte, war zudem größer als damals gewohnt. Das Ergebnis: ein extrem effizientes Versenken des als »unsinkbar« geltenden Dampfers. Dumm gelaufen: Laut Gerüchten sollte die Jungfernfahrt der »Titanic« die letzte Fahrt von Smith vor der wohlverdienten Rente sein. Vielleicht hatte er es deshalb so eilig.

Schneller überfallen: Adolf Hitler

Seine Vasallen nannten ihn den »größten Feldherrn aller Zeiten«, weil er den »Blitzkrieg« über Europa gebracht hatte. War im Ersten Weltkrieg noch der Grabenkieg *en vogue* (man schlug sich teilweise jahrelang in einem aufreibenden Stellungskampf um wenige Meter Frontverlauf), so setzte die Führung von Nazi-Deutschland zu Beginn des Zweiten Weltkriegs ein zumindest militärisch überzeugendes Konzept um: den »Blitzkrieg« (wahrscheinlich das einzige deutsche Wort, das mehr Engländer kennen als Deutsche). Damit überfiel der »Führer« halb Europa, raubte es aus und ließ dabei Millionen von Menschen ermorden. Die raschen Erfolge (für die Niederwerfung Polens hatte Deutschland gerade mal drei Wochen gebraucht, Frankreich fiel in sechs Wochen) waren jedoch bald Vergangenheit. Nach dem Überfall der deutschen Truppen auf die Sowjetunion entwickelte sich eine lange kriegerische Auseinandersetzung, die von den Deutschen als Vernichtungskrieg geführt wurde. Natürlich hat Hitler den Begriff und das Konzept nicht selbst erfunden und sich später sogar davon distanziert. Doch einige Jahre hatte er damit ziemlich fragwürdigen Erfolg – als grausamster Zeitsparer aller Zeiten.

Schneller zerfallen: Michail Gorbatschow

Es könnte locker als das Motto aller Zeitsparer durchgehen: »Wer zu spät kommt, den bestraft das Leben.« Am 6. Oktober 1989 feierte die DDR ihren 40. Geburtstag. Mit von der Partie: Michail Gorbatschow, Kreml-Chef und Vollblut-Reformer. Das Treffen zwischen den beiden sozialistischen Brüdern war trotz des feierlichen Anlasses frostig. Die Betonköpfe der SED lehnten Gorbis Perestroika ab. Der russische Verbündete drängte auf Öffnung. Am Ende ging ein Satz um die Welt, der allen klarmachte, wo die Sowjetunion stand – und der den Zusammenbruch des so genannten Ostblocks und die deutsche Wiedervereinigung rasant beschleunigte. Erstaunlicherweise kamen diese Worte jedoch niemals aus dem Mund des obersten Glasnostikers. Mit einem unglaublichen Gespür für die weltpolitische Situation und die Macht der Worte formulierte Gorbatschows persönlicher Sprecher Gennadi Gerassimow wenige Stunden nach dem Treffen der beiden Staatschefs jenen Satz, den heute jeder mit Gorbatschow verbindet. Der PR-Mann aus dem Kreml spitzte dabei einige Aussagen seines Chefs deutlich und prägnant zu. Jahre später kommentierte der ehemalige Staatschef die Interpretation seines Untergebenen trocken: »Das hat der Gerassimow zu Ende gedacht.«

Magnetwand billig aus Eisenplatte bauen

Wer in seinem Büro eine Magnet(pinn)wand aufhängen möchte, wird über die deftigen Preise einer solchen Tafel überrascht sein. Viel günstiger und meiner Ansicht nach auch schöner geht es mit einer einfachen verzinkten Eisenplatte aus dem Baumarkt. Solche Platten gibt es in verschiedenen Größen. Wichtig: Keinesfalls eine Aluplatte nehmen, auch wenn sie heller und leichter ist. Aluminium ist kein ferromagnetisches Metall, Magnete haften daran nicht.

Um die Platte an der Wand zu befestigen, gibt es zwei Möglichkeiten:

1. Mit einem Stahlbohrer zwei Löcher in die Platte und in die Wand zwei starke Nägel oder besser Schrauben mit Dübeln.

2. Platte hinten mit doppelseitigem Klebeband bekleben und dann einfach gegen die Wand drücken. Aber Vorsicht: Die Position der Platte muss ganz genau stimmen, eine Korrektur ist nicht mehr möglich. Und ein Entfernen der Platte hat zur Folge, dass die Tapete in der Regel ruiniert ist.

Wer kreativ ist, kann die Platte vor dem Aufhängen auch mit einem Sprühlack bunt einfärben oder mit einer Schablone Motive draufsprühen. Lack schützt auch die Platte selbst. Lässt man die Platte dagegen unbehandelt, kann das Zink die Wand unter der Platte verschmutzen.

Das meint die Jury:

- Eine Alternative sind Regalböden. Die gibt es um ein Vielfaches tiefer als die herkömmlichen 60 bis 80 Zentimeter.

- Die Aufhängung kann meistens mittels einer Dachlatte bewerkstelligt werden. Ähnlich den Küchenschränken. Leicht einkeilen.

- Wenn man gerade sowieso am Tapezieren ist, kann man die Platte auch einfach an der Wand befestigen und darüber tapezieren – so geschehen bei uns im Büro. So wird noch nicht mal die Optik gestört und die Magnete haften trotzdem sehr gut.

- Eisenplatten (verzinkte Blechtafeln) kauft man nicht im Baumarkt, sondern im Eisenhandel beziehungsweise Schlosserbedarf. Dort wird der Preis nach Gewicht berechnet, hinzu kommt ein kleiner Aufschlag für den Zuschnitt. Vielleicht kann man das Blech erst am nächsten Tag abholen, dafür ist es maßgenau zugeschnitten. Man kann sich auch die Ränder abkanten oder umbördeln lassen.

Was ja schon nervt am Arbeitsleben: Diese endlosen Wasch- und Bügelorgien, damit man am nächsten Tag im Büro ja auch wieder schick und adrett aussieht.

Ja, das kannst du laut sagen: Anzüge, Hemden, Krawatten – endlos! Am liebsten würde ich immer alles in die Reinigung bringen, aber was das kostet! Und außerdem habe ich den Eindruck, dass das chemische Reinigen nicht gerade so gesund ist für den Stoff. Ein Anzug war schon nach dreimaliger Reinigung so dünn, dass ich ihn wegschmeißen konnte!

Da gibt es durchaus auch andere Möglichkeiten!

Anzüge billig selber reinigen

Ich habe einen sehr lukrativen Job im Büro. Was dabei nervt ist das dauernde Reinigen von Anzügen! Es ist teuer und nicht immer effektiv. Deshalb mein Tipp: Anzüge (egal welcher Art oder Marke) in warmes Wasser mit Wollwaschmittel legen (auch Sakkos!). Eine Weile liegen lassen und nicht rubbeln. Danach einfach auf einen Bügel hängen und mit der Dusche abbrausen. Nicht auswringen, sondern nur abtropfen lassen. Nach einem Tag ist der Anzug meistens trocken. Auf diese Weise bekommt man selbst Probleme wie Katzenurin (für jede Reinigung eine unlösbare Aufgabe) in den Griff. Falten danach einfach mit einem Dampfbügeleisen wegdampfen. Funktioniert bei mir schon seit Jahren ohne Probleme!

Das meint die Jury:

- Wo arbeitest du denn? In der Tierhandlung?

- Lies doch genau: »im Büro«. Vielleicht hat er oder sie ja Katzen zu Hause.

- Wer Katzen hat, nimmt den Geruch von Katzenurin nicht so stark wahr, weil man sich mit der Zeit dran gewöhnt.

• Um was geht es hier eigentlich? Um Katzen? Oder Haustiere im Büro oder ums Reinigen von Anzügen?

• Guter Tipp! Man kann Geld sparen, und die Sakkos duften auch noch besser als aus der Reinigung!

Erspar dir Rückenschmerzen – lieber zappeln!

Kleine Kinder machen es uns vor, sie zappeln beim Sitzen. Das hilft gegen Verspannungen und einseitige Belastungen der Muskulatur. Damit das Zappeln besser klappt, habe ich meinen Bürostuhl gegen einen Gymnastikball ausgetauscht, und damit hüpfe ich leicht auf und ab oder bewege die Hüfte kreisförmig, wenn ich am Schreibtisch sitze.

Falls ihr davon Rückenschmerzen bekommen solltet, so ist das der Muskelkater, der lässt aber bald nach.

Das meint die Jury:

• Da werde ich ja seekrank von dem Gehopse.

• Hab es probiert und sitze auf so einem Ball wie ein Sack Kartoffeln. Fazit: Rücken extrem krumm, mehr Schmerzen.

• Ich hab meinen Ball im Büro wieder weggeräumt. Mir hat geholfen, dass ich beim Bauchtanz eine gerade Haltung gelernt habe. Seither sitze ich in meinem Bürostuhl sehr aufrecht, mir machen Stühle oder Bänke ohne Rückenlehne nichts aus, und ich habe kaum mehr Rückenschmerzen.

• Hast du den Bauchtanz auch bei der Arbeit gemacht?

● Ich war in einer Schulklasse, in der wir ein Jahr lang für die gesamte Klasse Bälle hatten. Ist leider daran gescheitert, dass sich die Lehrer beschwerten, es wäre einfach nicht möglich, sich vorne zu konzentrieren, wenn die 30 Gesichter, die einen angucken, die ganze Zeit auf- und abhüpfen.

● Besorgt euch einen Bürostuhl mit Holzschale, die sind bequemer als die mit Polster: Auf der glatten Oberfläche kann man leichter zwischendurch die Sitzposition ändern, das macht man unbewusst alle paar Minuten – wenn es geht. Auf dem Stoffpolster wird der Körper immer durch die Reibung zwischen Kleidung und Polsterstoff daran gehindert. Ich sitze nun schon 20 Jahre auf einem Holz-Bürostuhl, täglich zehn bis zwölf Stunden.

● Tut dir auf deinem Fakir-Bürostuhl nicht der Popo weh?

Druckertinte von den Fingern entfernen

Schätze mal, dass das schon sehr, sehr vielen Leuten passiert ist, die bereits eine Druckerpatrone nachgefüllt haben: Ein Tröpfchen kommt auf einen Finger, und schon erstrahlt er als ganzer (so wie in meinem Fall) in wundervollem Schwarz.

Das Zeug ist nun aber auf herkömmlichem Weg (Seife, Nagellackentferner, Terpentin und so weiter) absolut nicht von der Haut zu bekommen! Was also tun?

Bei mir hat folgendes Rezept perfekt funktioniert:

1. Die betroffene Stelle ordentlich dick mit normaler Seife eincremen.
2. Einige Minuten einwirken lassen (ich hab noch einen Gummihandschuh drübergezogen).
3. Mit einem Bimsstein (das sind Steine zum Entfernen von Hornhaut) den Fleck wegrubbeln – fertig!

Das meint die Jury:

- Stimmt! Bimsstein hilft immer gut. Auch gegen gelbe Raucherfinger.

- Guter Tipp, wenn es schon zu spät ist! Klüger wäre es vermutlich, die Gummihandschuhe VORHER anzuziehen.

- Funtz auch mit ein bisschen Waschpulver, einfach ein wenig in warmem Wasser auflösen, Hände darin baden und weg ist die Tinte (auch unter dem Fingernagel!).

- So 'n Blödsinn – wo soll ich im Büro Gummihandschuhe herkriegen? Waschpulver gibt es hier auch nicht – und außerdem hab ich auch keine Zeit zum Einweichen, alles muss fix gehen.

- Der Tipp mit dem Waschpulver war klasse. 98 Prozent der Tinte sind innerhalb von zwei Minuten weggegangen. Und die Finger riechen jetzt nach »frühlingsfrisch«.

Vielen Dank für die tollen Tipps, aber ich bin einfach ziemlich gefrustet in meinem Job. Irgendwie habe ich da keine Perspektive mehr. Mein Chef hat mir am Anfang alles Mögliche versprochen. Aber bis heute ist davon herzlich wenig eingetroffen. Und wenn ich mir anschaue, wie demotiviert alle in der Abteilung sind … man hangelt sich von Kaffeepause zu Kaffeepause. Nee, ich glaube, da muss ich bald weg. Wenn nur nicht das Bewerben so aufwändig wäre! Ich weiß ja genau, wie das alles funktioniert, das habt ihr mir ja schon längst erklärt, Muttis. Aber gibt es nicht doch eine Möglichkeit, diesen ganzen Bewerbungsklimbim etwas einfacher zu gestalten?

Die arbeitssparende Bewerbung

Okay, zuerst die schlechte Nachricht: Eine Bewerbung macht immer Arbeit! Aber natürlich kann man gewisse Dinge optimieren. Und mit etwas Übung geht es auch deutlich schneller. Außerdem spart man viel Aufwand, indem man die nur richtigen Dinge tut.
Wir werden euch die besten Möglichkeiten aufzeigen, eure Energiereserven zu schonen und trotzdem die bestmögliche Figur abzugeben:

Nur auf passende Anzeigen bewerben!
Als Allererstes: die Anzeige gaaaaaanz genau lesen. Und dann nochmal lesen. Und dann stellst du dir folgende zwei Fragen: Welche Qualifikationen erwartet der Laden von mir? Und kann ich diese Anforderungen erfüllen? Wenn dein Profil weniger als 90 Prozent Passung aufweist, dann ist es zumindest sehr unwahrscheinlich, dass du zum Vorstellungsgespräch eingeladen wirst. Diese Bewerbung kannst du dir also sparen – es sei denn, du möchtest üben, oder dir ist einfach langweilig.

Weniger Worte machen!
Das ist ein hinterlistiger Tipp: Weil es oft schwieriger ist, sich kurz zu fassen als rumzulabern. Aber trotzdem solltest du beim Anschreiben ruhig mit Worten geizen. Mehr als eine Seite? Dann musst du kürzen. Am besten vermeidest du zunächst alle Floskeln (»Hiermit möchte ich mich blabla«). Dadurch wird dein Text schon deutlich kürzer. Nur: Manchmal erschreckend, wie wenig Inhalt bleibt, wenn die Textbausteine fehlen, gell? Aber genau darum geht es, denn nun musst du wirklich darüber nachdenken, warum du der Richtige für dieses Unternehmen bist.

Korrektur lesen lassen!
Der Teufel steckt im Detail. Für Selbstgeschriebenes ist man oft komplett blind. Da aber ein kleiner Formfehler schon genügt, um deine Bewerbung durchfallen zu lassen, solltest du sie in jedem Fall von einer dritten Person mit Kenntnissen der neuen (!) deutschen Rechtschreibung Korrektur lesen lassen. Das erspart viel unnötigen Aufwand und Frust. Manchmal hilft es auch den Text rückwärts zu lesen, dann wird man beim Korrekturlesen nicht vom Inhalt abgelenkt.

Wenn möglich online bewerben!
Viele Unternehmen bitten inzwischen bereits um eine Bewerbung auf elektronischem Weg. Das solltest du nutzen! Denn nicht nur die Portokosten und die teuren Bewerbungsmappen entfallen damit. Du musst auch nicht zum nächsten Briefkasten latschen oder – weil du keine Briefmarken mehr hast – deine kostbare Freizeit in der Warteschlange vor dem Postschalter verbringen. Richtig große Firmen bieten zudem eine Art Bewerbungsdatenbank, in der du dein Profil speichern kannst – und per Mail informiert wirst, wenn neue Stellenangebote auftauchen, die zu deinem Profil passen.

Vielleicht sollte ich ja auch wieder mein abgebrochenes Jura-Studium aufnehmen und nebenbei etwas jobben. Irgendwie schaff ich das schon, wenn nicht, kann ich mir ja Unterstützung holen.

Mit Ghostwritern und Papermills zum Magister

Sven Zähringer (Name geändert) hat ein Problem. Er muss sich sein Studium durch Jobben finanzieren. Oft genug kollidiert seine Arbeit in der Kneipe mit den Anforderungen des Lehramtstudiums an einer Universität in Baden-Württemberg. Und jetzt steht die Zulassungsarbeit vor der Tür. Bereits vor einigen Semestern hatte er sich eine Seminararbeit von einer Kommilitonin schreiben lassen. Für etwa 200 Euro. »Das sind für mich zwei Abende in der Kneipe«, sagt Sven. Die Rechnung ging auf. Niemandem fiel etwas auf. Auch für die »Zula« will er nun auf den Dienst von Ghostwritern zurückgreifen.

An seine erste »Ghostwriterin« war er durch Zufall geraten, »eine Freundin meines Bruders«. Doch in Zeiten des Internets geht das einfacher. Füttert man Begriffe wie »Hausarbeit« oder »Seminararbeit« in eine Suchmaschine ein, dann listet das Programm in Sekunden eine lange Reihe von Portalen auf, die dem geplagten Studenten einen Ausweg aus seinem Dilemma versprechen: Dort bieten akademische Ghostwriter ihre Dienste an. Zudem gibt es Datenbanken mit kompletten Arbeiten zum Download – neudeutsch: Papermills.

Eine typische Papiermühle ist die Seite hausarbeiten.de. Dort stehen nach eigenen Angaben gut 60 000 wissenschaftliche Texte zum Herunterladen zur Verfügung. Von A wie Afrikawissenschaft bis W wie Wirtschaftswissenschaft. Hausarbeiten, Referate, Diplomarbeiten. Für schlappe 6,99 Euro gibt es beispielsweise eine Seminararbeit zum Thema »Die Wiedergabe deutscher Modalpartikel im Englischen«, verfasst 2003, Umfang: 17 Seiten, Note: 1,7.

Magister- oder Diplomarbeiten kosten rund 50 Euro.

Die Betreiber dieser Seite, der Verlag für Akademische Texte, verwahrt sich natürlich dagegen, dass die Texte übernommen und unter eigenem Namen als wissenschaftliche Arbeit an einer Hochschule eingereicht werden könnten. »Wir weisen ausdrücklich darauf hin, dass wir Betrug nicht unterstützen«, heißt es in den FAQs. »Unsere Seiten dienen als Online-Archiv allein der Sammlung wertvoller und wissenschaftlicher Informationen.« Und die Betreiber betonen: »Sollte einem Benutzer eine Urheberrechtsverletzung durch die Veröffentlichung eines Textes in unserem Archiv auffallen, bitten wir um eine kurze Nachricht. Die Arbeit wird dann aus dem Archiv entfernt.«

Jochen Petzold ist Dozent des anglistischen Seminars an der Uni Freiburg. Er ist einer der offensivsten Kämpfer gegen den um sich greifenden »Plagiatismus«. »Es ärgert mich maßlos, wenn jemand versucht, mich zu bescheißen«, sagt er offen. In letzter Zeit seien die Fälle von Betrug zwar leicht zurückgegangen, berichtet der Wissenschaftler. Im Schnitt ist aber immer noch eine Arbeit pro Veranstaltung auffällig. »Es sind leider vor allem Studenten aus dem osteuropäischen Ausland, die sich nicht an die Regeln halten«, sagt Petzold. Warum das so ist, darüber kann der Dozent auch nur Mutmaßungen anstellen: »Vielleicht lernen die dort eine andere Art von wissenschaftlichem Arbeiten.«

Dass es weniger geworden ist mit den Betrügereien, führt er vor allem auf die Aufklärungsarbeit und die rigide Politik des Seminars bei diesen Fällen zurück. Denn wer einmal erwischt wird, erhält bei Petzold keine zweite Chance mehr. »Wer mich betrügt, den will ich in meinen Proseminaren nicht mehr sehen«, sagt er kategorisch. Petzold nimmt sich bei verdächtigen Arbeiten richtig Zeit. Er investiere schon mal eine Stunde, um dem Betrug auf die Spur zu kommen. Wenn jemand einen Ghostwriter benutzt, dann ist aber auch der umtriebige Plagiate-Jäger chancenlos. Allerdings kommt das in Proseminaren wahrscheinlich relativ selten vor.

Sven Zähringer kennt auf Nachfrage noch mindestens zwei weitere Kommilitonen, die bereits geschummelt haben. Doch wie viele Studenten tatsächlich betrügen, ist eine weitgehend ungeklärte Frage. Bisher haben sich nur wenige Untersuchungen mit dem Thema befasst. Die Ergebnisse waren jedoch jeweils alarmierend. Etwa 30 Prozent ihrer Studis sind danach Betrüger, stellte die Uni Bielefeld 2006 fest. In einer Umfrage an der Uni Hamburg räumten sogar 90 Prozent der Studenten ein, kein Problem mit der Schummelei bei wissenschaftlichen Texten zu haben.

Auch Sven kennt keine Gewissensbisse: »Ich habe doch schon so viele Seminararbeiten geschrieben! Eine mehr oder eine weniger – das ist doch nicht entscheidend«, sagt der heutige Lehramtsanwärter. Gerade für Studenten, die keine akademische Karriere anstreben, ist dieser Gedankengang nachvollziehbar. Warum sollen sie Berge von Papier produzieren, die von den Dozenten oft gar nicht gelesen werden – und obwohl in ihrem späteren Beruf wissenschaftliches Arbeiten eine geringe oder keine Rolle mehr spielen wird?

So war es für Sven kein moralisches Problem, erneut zwei Ghostwriter für die Zulassungsarbeit anzuheuern. »Wir hatten etwa 1500 Euro Honorar vereinbart«, berichtet er, »und für jede Note, die besser ist als vier, nochmal 100 Euro Bonus.« Allerdings ging das Unternehmen gründlich schief. »Einer der beiden Ghostwriter war nicht sehr zuverlässig«, sagt Sven und lacht. Außerdem musste der Student ständig Rücksprache mit seinem Betreuer halten. »Das war ein unglaublicher Aufwand, denn ich musste deshalb selbst Ahnung vom Thema haben.« Die Vorstellungen des Betreuers kommunizierte Sven an seine Ghostwriter, mit den Änderungen ging es dann wieder in die Sprechstunde, von da wieder zu den Ghostwritern, und so weiter. Doch das klappte immer schlechter, und letztlich blies er das Unternehmen ab. Der Spaß hat ihn 800 Euro gekostet. »Dafür hatte ich etwa 40 Seiten Text, mit denen ich nichts anfangen konnte«, erinnert sich Sven. Also blieb ihm nichts anderes übrig, als die Arbeit selbst zu schreiben.

Dirk Bocklage ist ein professioneller Vermittler von akademischen Ghostwritern. Zusammen mit Daniel Ridders betreibt er das Internetportal hausarbeiten24.com, das die beiden 2001 gründeten. Es war eines der ersten derartigen Angebote in Deutschland. Der 28-jährige Diplombetriebswirt ist mit der Geschäftsentwicklung sehr zufrieden – auch wenn er zum Umsatz seines Unternehmens keine Angaben machen möchte. Zwar habe sich die Konkurrenz in den vergangenen Jahren deutlich verschärft, denn zur Gründerzeit war hausarbeiten24.com quasi der Pionier auf dem deutschen Markt. Heute tummeln sich mindestens 20 andere Anbieter im Netz, wie Bocklage schätzt. »Das Angebot ist allerdings sehr unübersichtlich geworden, manche Konkurrenten verschwinden schnell wieder von der Bildfläche.«

Bocklage legt sehr viel Wert auf die hohe Qualität seiner Dienstleistungen: »Bei uns sind alle Ghostwriter abgeschlossene Akademiker, haben promoviert oder sogar habilitiert.« Außerdem würden niemals wissenschaftliche Arbeiten von fachfremden Ghostwritern angefertigt, wie das bei der Konkurrenz gelegentlich der Fall sei, betont der Unternehmer. Bis zu 100 freie Schreiberlinge sind für hausarbeiten24.com im Einsatz. Die Hälfte davon sind Juristen, die andere Hälfte überwiegend Geisteswissenschaftler.

»Natürlich wird es vorkommen, dass Studenten unseren Service missbrauchen und als eigene Arbeit deklarieren«, räumt Bocklage ein. »Aber wir weisen sowohl im Internet als auch in unseren Mails an die Kunden darauf hin, dass das verboten ist.« Bei den Juristen würden sie zumeist Lösungsskizzen anfertigen, die die Studenten dann selbst noch bearbeiteten. Bei den Geisteswissenschaften wollten die Kunden die Arbeit meistens etwa einen Monat vor Abgabe. Das wertet Bocklage als Indiz dafür, dass durchaus noch eine Eigenleistung erbracht werden würde.

Die rechtliche Lage ist nach Aussage einer Fachanwältin indes eindeutig. Eine wissenschaftliche Abschlussarbeit muss zu 100 Prozent selbst erstellt werden. Wenn dies nicht geschieht und die Arbeit als eigene deklariert wird, ist das Betrug. Der Ghostwriter macht sich dabei der Beihilfe schuldig. Die Firma hausarbeiten24.com hatte laut Bocklage bisher noch keinerlei Schwierigkeiten. Da eine mögliche Betrügerei mit einem Ghostwriter aber quasi nicht aufzudecken ist, verwundert das nicht.

§§

Okay, okay, ich verstehe, das ist nichts für mich. Mit fremden Federn schmücken, das ist nicht mein Ding.

Wie wild weiterklicken

… hausarbeiten24.com
… karrierebibel.de
… xing.de

Sparen @ Kommunikation

Kathrin: Ach Muttis, ich bin so fertig! Habe mich mit Ingo gestritten. Er wirft mir vor, dass ich immer so viel telefonieren würde! Dabei haben wir doch extra eine Flatrate gekauft, damit das nicht mehr so viel Geld kostet! Ich verstehe ihn nicht … Klar, es ist manchmal schon etwas krass, wenn ich gerade auf dem Festnetz telefoniere und eines meiner drei Handys klingelt. Das nervt mich auch. Aber was soll man da denn machen?

Drei Handys? Das klingt in unseren Ohren schon etwas bedenklich. Klar, die Telekommunikationsbranche überschwemmt uns alle geradezu mit ihren angeblichen Superbillig-Angeboten. Aber erstens kann das trotzdem ins Geld gehen. Und außerdem kostet das ja auch ganz schön Zeit und Nerven, immer online, erreichbar, mit Netzanschluss oder wie auch immer zu sein. Aber zunächst einmal keine Panik: Mach als Erstes unseren Messie-Test!

Bist du ein Kommunikationsmessie?

Wir Schwaben sagen immer: »Man muss nur miteinander schwätze, dann isch alles gut!« Aber heutzutage muss man nicht nur schwätze, sondern auch mailen, skypen, posten, bloggen, chatten, SMSen und und und. Wohl dem, der da nicht den Überblick verliert. Oder gar zum Kommunikationsmessie wird.

Wie steht es um euch, hat euch die Droge Kommunikation bereits fest in ihren schwitzigen Fingern? Hier kommt ein außerordentlich erhellender Test.

1. *Ein kleiner amerikanischer Computerhersteller kündigt an, das mobile Telefonieren revolutionieren zu wollen. Das Gerät kann quasi alles, was man an seinem Handy nie vermisst hat. Natürlich sieht es wieder atemberaubend schick aus, während die Kosten jeder Beschreibung spotten. Du …*

a) buchst noch in der Nacht einen Flug in die Vereinigten Staaten, wo das Kommunikationswunder drei Wochen früher im Verkauf sein wird. (3 Punkte)
b) rufst sofort alle deine Freunde an, verschickst Rundmails, bloggst auf deiner Homepage und berufst eine Videokonferenz ein. Danach schläfst du erschöpft, aber glücklich ein. (0 Punkte)
c) fragst dich zum wiederholten Mal, wie eigentlich die PIN für dein Handy lautet, das aber sowieso schon seit Wochen nicht mehr aufgetaucht ist und dessen Akku auch ständig leer war – zumindest immer dann, wenn du nach Monaten tatsächlich mal damit telefonieren wolltest. (10 Punkte)

2. *Bei einem romantischen Abendessen zu zweit eröffnet dir deine Freundin, dass sie schwanger ist. Du …*

a) bist überglücklich, bestellst eine Flasche Champagner und diskutierst eingehend die möglichen Vornamen für den kleinen Racker. (8 Punkte)
b) rufst sofort alle deine Freunde an, verschickst Rundmails, bloggst auf deiner Homepage und berufst eine Videokonferenz ein. Danach schläfst du erschöpft, aber glücklich am Tisch ein. (0 Punkte)
c) täuschst einen Übelkeitsanfall vor, schleppst dich auf die Toilette, von wo du unerkannt entkommst. Am nächsten Morgen heuerst du bei einem westlichen Geheimdienst deiner Wahl an und lässt dir eine neue Identität verpassen. (12 Punkte)

3. *Du liegst im Kreißsaal. Gerade wurde die Nabelschnur durchtrennt, es ist ein Mädchen. Du …*

a) lächelst erschöpft deinen Mann und die Ärztin an. Danach streichst du zart über die zerknitterte Haut dieses winzigen Geschöpfes, das dir die Hebamme auf den Bauch gelegt hat, und kannst es einfach nicht fassen, dass du dieses Wunder vollbracht haben sollst. (15 Punkte)

b) rufst sofort alle deine Freunde an, verschickst Rundmails, bloggst auf deiner Homepage und berufst eine Videokonferenz ein. Danach schläfst du erschöpft, aber glücklich ein. (0 Punkte)

c) hast die ganze Geburt plus Vorbereitungen filmen lassen und willst das Video noch heute Abend über YouTube der interessierten Weltöffentlichkeit zugänglich machen. (4 Punkte)

4. *Du fährst auf dem Fahrrad zur Universität. Da platzt plötzlich dein Vorderreifen. Du schlingerst über die Straße, weichst in letzter Sekunde einem Hydranten aus, streifst einen fluchenden Passanten und landest unsanft im Vorgarten eines Hauses am Straßenrand. Du überstehst das Ganze leicht verdreckt, aber unverletzt. Du …*

a) schickst ein Stoßgebet zu jenem höheren Wesen, an das du bis eben eigentlich gar nicht geglaubt hattest, suchst deine Sachen zusammen und bringst das ramponierte Rad zum nächsten Händler. (9 Punkte)

b) rufst sofort alle deine Freunde an, verschickst Rundmails, bloggst auf deiner Homepage und berufst eine Videokonferenz ein. Danach schläfst du erschöpft, aber glücklich auf dem Rasen ein. (0 Punkte)

c) … schaust dir das Ganze auf deinem Handy an, das du bereits im ersten Moment reflexartig aus der Tasche gezogen hast, um den Sturz live zu filmen. (2 Punkte)

Auswertung:

Mehr als 30 Punkte: Keine Sorge, du bist stinknormal. Bei dir ist definitiv alles im grünen Bereich, alle Systeme laufen reibungslos. Kommunikation ist für dich lediglich eine von vielen Möglichkeiten, Austausch mit anderen Menschen zu pflegen.

Zwischen 1 und 29 Punkten: Es gibt gewisse besorgniserregende Tendenzen in deinem Leben. Allerdings scheinen diese nicht immer mit der Kommunikation im engeren Sinn zu tun zu haben.

Genau 0 Punkte: Hey, du bist ein echter Freak! Egal, was passiert, es wird ungebremst über alle Kanäle verbreitet. Und zwar am besten in Echtzeit! Das kommt dem Messie schon ziemlich nah … vor allem, weil du jetzt schon wieder deine Freunde anrufst, Rundmails verschickst, auf deiner Homepage bloggst und eine Videokonferenz einberufst, um dieses Testergebnis zu diskutieren!

Und, was kam bei dir heraus, Kathrin?

Ähh, Augenblick, ich muss noch kurz alle meine Freunde anrufen … nee, kleiner Scherz. Ich bin noch voll im grünen Bereich. Auch mit meinen drei Handys.

Dazu hat Hansi noch eine schräge Geschichte auf Lager:

Fünf Handys in der Tasche

In meiner Zeit als Zivi in der Notaufnahme des städtischen Krankenhauses wurde ein Mann eingeliefert, der beim Absägen eines Astes von einem Baum gefallen war. Wir legten den bewusstlosen Mann im Schockraum auf den Tisch und zogen ihm die Kleider aus, um seine Verletzungen abschätzen und behandeln zu können. Er trug die übliche Montur des Hobbybastlers: einen Blaumann mit vielen Taschen. Wir fanden ein Handy in der Brusttasche, das wir zur Seite legten. Danach tauchte ein zweites Telefon in der Hosentasche auf. Beim dritten Gerät mussten wir bereits schmunzeln. Aber als wir insgesamt fünf Handys aus seinem Arbeitskittel gezogen hatten, waren wir wirklich beeindruckt. Und uns wurde schlagartig klar, warum der arme Mann da aus seinem Baum gefallen sein musste: Wahrscheinlich hatten alle fünf Telefone gleichzeitig angefangen zu läuten!

Wenn mir Kathrin eine SMS schickt, dann wimmelt es vor Abkürzungen. So was wie LG für »Liebe Grüße« ist ja klar. Aber manchmal kommen zeilenlang nur Kürzelwürste: »bidunowa? bigbedi.« Wie bitte? Ich verstehe einfach nicht, was sie will. Wisst ihr da Bescheid?

Ingo, hier ist ein kleiner Auszug aus unserem Vokabelheft Deutsch-SMS!

Zeit sparen mit SMS-Kürzeln
Eine Übersetzungshilfe

aa	Automatische Antwort
ads	Alles deine Schuld
amt	Ahnungslose Menschen tyrannisieren
as	Ansichtssache
asup	Antworte schnell und präzise
bgs	Brauche Geld, sofort
bibalur	Bin bald im Urlaub
bidunowa	Bist du noch wach?
bigbedi	Bin gleich bei dir
dg	Dumm gelaufen
dn	Du nervst
eb	Echt blöd
eidu	Erwarte immer das Unmögliche
eva	Echt voll affig
fanta	Fahre noch tanken
fib	Flugzeuge im Bauch
fkk	Fahre Kaugummi kaufen
fg	Frech grins
fnj	Frohes neues Jahr
gie	Ganz im Ernst
gn	Geht nicht
gngn	Geht nicht, gibt es nicht
grmpf	Grummeln
hadu	Halte durch
hahu	Habe Hunger
hase	Habe Sehnsucht
hdos	Halt die Ohren steif
hegl	Herzlichen Glückwunsch
hund	Habe unten nichts drunter
iamidn	Im Augenblick mag ich dich noch

ibiflila	Ich bin in Flirtlaune
ibnb	Ich bin nicht blöd
iha	Ich hasse Abkürzungen
ihdzfg	Ich hab dich zum Fressen gern
ild	Ich liebe dich
isdn	Ich sehe deine Nummer
jon	Jetzt oder nie
ka	Keine Ahnung
katze	Kannste tanzen?
kgw	Komme gleich wieder
kild	Kuss, ich liebe dich
kk	Kein Kommentar
klm	Keine Lust mehr
kodumizuta	Kommst du mit zum Tanzen?
kuwihebekerz	Kuscheln wir heute bei Kerzenschein?
kv	Kannste vergessen
lamawi	Lach mal wieder
lambada	Lass mich bitte an dich anlehnen
lidumino	Liebst du mich noch?
luauki	Lust auf Kino
lol	laugh out loud
madina	Mach dich nackisch
medima	Melde dich mal
memiwi	Meld mich wieder
mumidire	Muss mit dir reden
mödiunse	Möchte dich unbedingt sehen
nwa	Nie wieder Alkohol
omg	Oh, mein Gott
paris	Passt richtig ins System
pin	Professioneller Internetnutzer
pp	Persönliches Pech
qms	Quatsch mit Soße
rfdi	Reif für die Insel

schsch	Schnick-Schnack
sdedg	Schön, dass es dich gibt
semibinimebö	Sei mir bitte nicht mehr böse
sfh	Schluss für heute
sms	Schreib mir schnell
tabu	Tausend Bussis
tempo	Tierisch einsames Mädchen pokert offen
tm	Total mies
tot	Total oberaffengeile Tussie
uawg	Um Antwort wird gebeten
unimog	Unglaublich nettes, intelligentes Mädel ohnegleichen
vermini	Vergiss mich nicht
wakoduwi	Wann kommst du wieder?
wamawiheab	Was machen wir heute Abend?
waudi	Warte auf dich
we	Wochenende
widumihei	Willst du mich heiraten?
wiwonieauge	Wir wollen niemals auseinandergehen
wztwd	Wo zum Teufel warst du?
z&p	Zuckerbrot und Peitsche
zkn	Zur Kenntnisnahme
zl	Zieh Leine
zlz	Zärtlich liebevolle Zuwendung
zumiozudi	Zu mir oder zu dir?

Na, da wird mir aber jetzt einiges klar! Aber für mich gilt eindeutig: iha!

Dazu sagen wir nur: kk.

Apropos SMS. Ich kriege da immer so doofe Werbenachrichten. Habt ihr eine Idee, wie man das abstellen kann?

Ja, da gibt es eine Menge guter Tipps!

Unerwünschte Werbeschreiben, -mails, -faxe, -anrufe und -sms

Wer nicht mit Werbung zugemüllt werden möchte, kann seine Daten bei dem Deutschen Direktmarketing Verband e. V. kostenlos für fünf Jahre in die »Robinsonliste« eintragen lassen. Den Antrag hierfür kann man sich unter folgendem Weblink downloaden:

www.direktmarketing-info.de/mailing/Robinsonliste.pdf

Kurze Erklärung der Robinsonlisten:
Sie sind Listen mit Kontaktdaten von Personen, die keine unerwünschte Werbung erhalten wollen. Es gibt diese Listen für Briefpost, E-Mail, SMS, Telefon und Telefax. Die in den Verbänden organisierten Unternehmen verpflichten sich, dem Wunsch der registrierten Verbraucher nach Werbefreiheit nachzukommen und sie in keiner Form kommerziell zu kontaktieren. Der Eintrag in die Robinsonlisten ist prinzipiell kostenlos.

Robinsonliste für Telefon: www.telerobinson.de
Robinsonliste für Faxe: www.retarus.de/robinsonliste
Robinsonliste für E-Mail: www.robinsonliste.de
Robinsonliste für SMS: www.sms-robinson.de

Das meint die Jury:

- Ich habe dafür 'nen Spamfilter bei gmx und 'nen Papierkorb für die »Hardware«.

• Hmm – wer garantiert mir eigentlich, dass es sich hierbei wirklich um die bekannte Robinsonliste handelt und nicht viel eher um das genaue Gegenteil?

Es wäre ja aus Sicht der Spamer geradezu genial, solche Seiten ins Netz zu stellen, um an Adressen, Mailadressen und Telefonnummern zu kommen. Hat jemand Erfahrungen mit diesen URLs gemacht?

• Viel besser: Gesammelten Werbemüll in einen der vorfrankierten Antwortumschläge stecken und zurückschicken. Robinsonlisten sind Augenwischerei.

• Vor Spam schützt die Robinsonliste nicht, da Spam eh illegal ist und nicht von seriösen Anbietern kommt. Aber Soziologen macht die Robinsonliste das Leben schwer. Und die können nix dafür.

• Hallo, muss dir recht geben. Das hat bei mir tatsächlich geklappt. Vor einiger Zeit habe ich andauernd Briefwerbung und Werbeanrufe bekommen, und seitdem ich in der Robinsonliste stehe, kam nie wieder was.

• Diese Listen werden meist von Verbänden geführt, und ich denke mal nicht, dass die deine Daten für solche Zwecke weitergeben werden.

• Der Robinsonliste vertraue ich durchaus – die gibt es ja auch schon sehr lange –, meine Frage war eher, ob die genannten Websites auch zur Robinsonliste führen – so auf den ersten Blick konnte ich das nicht feststellen.

• Bei persönlich adressierten Spam-Mails habe ich mit Framstags freundlichem Folterfragebogen sehr gute Erfahrung gemacht:

www.schnappmatik.de/TFFFFF/
(hilft auch bei Snailmail-Spam).

• An alle Handybesitzer. Der Erhalt einer unerwünschten SMS stellt eine Verletzung des allgemeinen Persönlichkeitsrechts dar (LG Berlin 14. Januar 2003). In solch einem Fall kann man den Absender beziehungsweise für den geworben wird, abmahnen und auffordern, eine strafbewehrte Unterlassungserklärung abzugeben. Sollte derjenige die strafbewehrte Unterlassungserklärung nicht unterzeichnen, kann man eine einstweilige Verfügung beantragen. Der Gegner hat grundsätzlich alle Anwalts- und Gerichtskosten zu tragen. Ich habe für eine Mandantin schon gegen mehrere Firmen eine einstweilige Verfügung beim Landgericht Berlin erwirkt.

Bei unerwünschten Anrufen sollte man sich Name der Firma, Name der Person, Grund des Anrufes sowie Datum und Uhrzeit notieren und diese Daten per E-Mail an den Verbraucherschutz schicken. Dieser »kümmert« sich dann um die betreffende Firma. Denn schließlich sind Werbeanrufe ein Verstoß gegen das UWG (Unlauterer Wettbewerb). Auch der Hinweis während des Telefonates auf den Verstoß wird dafür sorgen, dass das Unternehmen wohl nicht mehr anrufen wird.

• Ich habe mich auf jeden Fall in der Robinsonliste gegen »Telefonterror« eingetragen. Diese Anrufe gehen mir dermaßen auf den Keks. Ich hoffe, es hilft!

• Die Robinsonliste kann ich nur empfehlen! Ich habe mich da selbst vor zwei Monaten eingetragen und davor bestimmt jeden Tag mindestens einen Werbeanruf bekommen. Seit ich auf der Liste stehe, habe ich lediglich ein einziges Mal einen Werbeanruf bekommen, und als ich dort sagte, dass ich auf der Robinsonliste stehe, hat sich die Frau entschuldigt und sofort aufgelegt.

• Tragt doch einfach bei Telefonboxen »Franks« Nummer ein, der nimmt die Anrufe dann entgegen: www.frank-geht-ran.de

Kein Ärger mehr mit Werbesendungen

Briefspam nicht in die Papiertonne werfen, sondern zurückschicken! Wenn du das Zeug wegwirfst, erfährt der Spammer nie, dass er sich seinen Spam sparen kann, und wird munter weitermachen. Und dafür werden Bäume gefällt! Der richtige Ort ist vielmehr der nächste Briefkasten: Mit Vermerk »Zurück – Empfänger unbekannt verzogen«.

Das meint die Jury:

- Völlig schwachsinnig dieser Tipp. Die Zeit ist mir zu schade, außerdem besitzen wir eine Papiertonne, sodass mich eine Entsorgung nichts kostet.

- Ich spreche aus Erfahrung! Als ich in meine jetzige Wohnung einzog, hat regelmäßig Werbemüll für etwa sieben längst verflossene Vormieter den Hausflur verstopft. Und zwar genau deshalb, weil er zuvor immer in die Tonne gesteckt worden war. Seit ich das Zeug konsequent zurückschicke, kommt nichts mehr. (Auch Spammer setzen ihre Portokosten gern effektiv ein.)

- Mir ist es bei dem Spruch »Empfänger unbekannt verzogen« passiert, dass die einen Suchantrag initiiert haben, um meine neue Adresse rauszukriegen. Seitdem schreibe ich drauf: »Empfänger verstorben.« So habe ich schon etliche Beerdigungen überlebt.

- Ihr könnt auch einfach eure Adresse auf unerwünschter Post durchstreichen und »Annahme verweigert« darauf schreiben. Ab damit in den nächsten Briefkasten, und ihr hört nie wieder was von denen. Dann braucht man nicht so oft zu sterben.

Werbeanrufe wirksam vermeiden mit der Trillerpfeife

Bei uns haben sich diese nervigen Anrufe von irgendwelchen Callcentern gehäuft (bis zu dreimal täglich). Aber ich habe das Problem relativ einfach gelöst: Die Trillerpfeife meines Sohnes lag neben dem Telefon, und immer wenn ein nerviger Werbeanruf kam, haben wir kräftig von der Pfeife Gebrauch gemacht.

Und siehe da, einige Wochen später waren diese Anrufe fast bei null. Schade, meint mein Sohn, er hat die Werbeanrufe am Ende richtig geliebt.

Das meint die Jury:

- Waaaaaaaas!? Das kann ja wohl nicht sein. Hast du schon mal daran gedacht, dass in einem Callcenter auch nur Menschen arbeiten, die dann von dir misshandelt werden, weil du dich scheinbar nur mit 'ner Trillerpfeife wehren kannst?

- Ich lege sofort auf und niemand nimmt Schaden.

- Ich hatte mal eine ganze Zeit obszöne Anrufe Tag und Nacht – die habe ich allerdings auch mit der Pfeife wirksam bekämpft, und das tat mir nicht leid.

- Ich finde den Tipp gut! Trillerpfeife ist mir sogar zu softy, ich hab hier einen Tonfrequenzgenerator, der in der optimierten Frequenz zugeschaltet wird. Die brauchen bei mir einfach nur anzurufen, und schon tut es nicht weh. :-))

- Sadist.

- Ich find's witzig, auch wenn man damit nur das Symptom, nicht die Ursache bekämpft. Wer sich dazu missbrauchen lässt, andere Leute zu nerven, muss sich nicht wundern, selbst genervt zu werden.

- Fast alle CCA benutzen für ihre Telefonmarketingüberfälle ein Headset.

Dieses Headset kann ab einer bestimmten Frequenz keine Tonübertragung mehr vornehmen. Auf Deutsch: Auch wenn man mit noch so vollen Backen in die Trillerpfeife bläst, der Ton kommt beim CCA nicht so an. Das Headset blockt die hohen Frequenzen ab. Das Trillerpfeifenblasen schädigt nur, wenn der Gesprächspartner mit einem normalen Telefon kommuniziert.

- Ich habe mal im Callcenter (Marktforschung) gejobt. Kein toller Job. Aber es ist tatsächlich so, dass die Headsets keine hohen Frequenzen durchlassen, sodass die Trillerpfeife keinen Eindruck macht. Ich habe übrigens bei jedem Gespräch den Namen der Firma genannt und am Ende jeden Gespräches gefragt, ob für eventuelle Rückfragen die Telefonnummer genannt werden soll.

- Wie wäre es denn mit einem einfachen Satz: »Nein, kein Interesse«, und dann auflegen. Das müsste doch in unserer »hochzivilisierten« Gesellschaft möglich sein. Und wissentlich in Kauf zu nehmen, jemanden vielleicht dauerhaften körperlichen Schaden zuzufügen, grenzt ja schon an Körperverletzung. Der Tipp ist absolut schwachsinnig.

Also, womit ich ehrlich gesagt immer Ärger habe, ist dieser ganze E-Mail-Verkehr. Erstens sind es immer solche Massen, die da täglich auf einen einstürmen …

… da gibt es einige wirklich hilfreiche Tipps!

Kein Ärger mehr mit Mailflut im Büro

Um der täglich wachsenden Mailflut effektiv Herr zu werden, gibt es eigentlich nur eine Methode: Ich rufe meine Mails nur zu bestimmten festgelegten Zeiten ab: einmal morgens zum Bürostart, dann nach der Mittagspause und schließlich noch abends. Das ist enorm effizient (es sein denn, man hat Langeweile ;-))

Das meint die Jury:

- Au Mann, dann würde bei mir permanent das Telefon klingeln.

- Da würden sich aber einige beschweren, wenn ich nur dreimal am Tag meine Mails checke!

- Schön wäre das, wenn's funzen würde.

- Wow, seid ihr alle wichtig! Ich bin echt beeindruckt. Aber jetzt lasst mal etwas Luft ab, wenn es super dringend ist, dann ruft der Kollege doch direkt an, oder?

- Das funktioniert aber nur, wenn du entweder so unwichtig bist, dass niemand etwas Eiliges von dir will – oder wenn du unangreifbar an der Spitze der Nahrungskette stehst.

- Das reduziert in keiner Weise die Anzahl der E-Mails. Wo ist da der Tipp versteckt?

- »der Mailflut Herr werden« und »Anzahl der Mails reduzieren« hat doch nichts miteinander zu tun. Hier geht es darum, dass man sich nicht ständig von seinen E-Mails ablenken lässt.

- Es gibt Studien, die belegen, dass Mitarbeiter, die alle paar Minuten von ihrem E-Mail-Programm abgelenkt werden (indem etwa ein Ton oder eine Nachricht erscheint, sobald eine neue Mail da ist), langsamer und unkonzentrierter arbeiten als Leute, die mit THC »high« sind. Daher macht es durchaus Sinn, sich feste Zeiten vorzugeben, zu denen man Mails beantwortet, da man so effektiver, konzentrierter und schneller arbeiten kann (da man sich nicht ständig mit E-Mails lesen/beantworten ablenkt).

- Genau: Amerikanische Wissenschaftler haben herausgefunden, dass der IQ durch Ablenkung (etwa beim Eintreffen von Mails) um circa zehn Prozentpunkte sinkt!

- Also, ich kann mich besser konzentrieren, wenn ich bekifft bin.

- Fragt sich nur, auf was …

Wo ich immer Probleme habe, ist das Formelle bei diesem Mail-Schreiben. Wie soll ich denn die Leute eigentlich ansprechen. Meistens schreibe ich deshalb einfach »Hallo«. Aber ob das immer so passend ist? Keine Ahnung.

E-Mail-Knigge

Ist es dir nicht auch schon so gegangen? Du willst eine kurze Mail an einen Geschäftspartner schreiben, aber stolperst schon bei der Begrüßung. »Sehr geehrter Herr Müller« ist irgendwie zu förmlich, »Lieber« klingt zu anbiedernd, aber »Hallo« oder sogar »Hi« wären einfach zu flapsig. Und das ist nur der Anfang: Welche Formel wählt man zur Verabschiedung? Wann duzt man, wann siezt man? Die digitale Welt der schnellen Kommunikation hält so manche Tücke bereit. Deshalb haben wir euch hier einen kleinen E-Mail-Knigge zusammengestellt.

1. Im Zweifelsfall: lieber zu förmlich!
Vor Gericht heißt es: Im Zweifel für den Angeklagten. Bei einer E-Mail sollte Ähnliches gelten, nämlich lieber einen Tick zu förmlich sein. Das beginnt mit der Anrede: »Sehr geehrter Herr« ist fast immer möglich und höflich. Ausnahmen: Du hast dich mit dem Betreffenden bereits auf Duzen geeinigt oder der Betreffende hat dich in einem vorangegangenen Schreiben bereits mit »Lieber Herr Meier« angesprochen. Gleiches gilt für die Verabschiedung. »Mit freundlichen Grüßen« ist hier der neutrale Standard, bei dem man selten danebenliegt.

2. Auch bei der schnellen Kommunikation: Rechtschreibung ist wichtig!
Pünktlichkeit ist die Höflichkeit der Könige. Im übertragenen Sinn gilt dies bei der Mail-Kommunikation für die Rechtschreibung. Fehlerhafte Sätze und Wörter sind zwar verständlich, aber suggerieren Achtlosigkeit. Deshalb vor dem Losschicken der Mail einmal gründlich durchlesen. Der Adressat wird es dir danken.

3. Der Lesbarkeit halber: Leerzeilen einfügen!
Das Schöne bei der E-Mail ist ja, dass man nicht darauf achten muss, wann die Seite zu Ende ist. (Nur zur Erinnerung: So war das früher beim Briefeschreiben *g*.) Allerdings solltest du trotzdem etwas auf das Format achten und immer wieder Absätze beziehungsweise Leerzeilen einfügen. Das erleichtert das Lesen ungemein – zudem, wenn die Textabschnitte auch Sinnabschnitte sind.

4. Unbedingt vermeiden: DIE MENSCHEN ANSCHREIEN!
Du merkst es selbst: Großbuchstaben liest man als lautes Reden oder gar Schreien. Es ist natürlich nicht angebracht, jemanden im beruflichen Kontext anzuschreien. Also verzichte

bitte immer auf das Schreiben in Großbuchstaben. Ähnliches gilt für die Verwendung von mehreren Ausrufezeichen. »Bitte erledige das für mich!!!!!!« unterstellt entweder eine überzogene Dringlichkeit oder stellt euren Adressaten als unterbelichteten Faulpelz hin, dem nur eine halbe Zeile Ausrufezeichen auf die Sprünge helfen. Beides ist nicht sonderlich förderlich für eine gute Kommunikation.

5. Hilft beim Navigieren und Verstehen: aussagekräftigen Betreff-Text wählen!
Manchmal ist es schwierig, den eigenen Text in drei Worten zusammenzufassen. Trotzdem ist »Diverses« oder einfach »Hallo« keine gute Idee. Das schwächt die Aussage deiner Mail schon vor dem Lesen ab. Und macht es deinem Gegenüber schwer, zu einem späteren Zeitpunkt über die Suchfunktion dein Schreiben in seiner Mailbox anzusteuern. Also besser schreiben »Projekt XY« oder »Diskussion am …«.

6. Nicht die ganze Welt mit Kopien versorgen: Es ist halt so schön einfach. Trotzdem solltest du dich nicht an der verbreiteten Unsitte beteiligen, einfach jedem Kollegen, vom Chef bis zum Raumpfleger, eine CC deiner Mails zu schicken. Nur weil man glaubt, sich dadurch nach allen Seiten abgesichert zu haben. Denn tatsächlich erzeugst du so nur Überdruss – und die wichtigen Botschaften gehen dabei unter.

Und dazu gibt es noch einen sehr hilfreichen Tipp …

Böse Mails erst am nächsten Tag abschicken

Ich habe es mir zur Angewohnheit gemacht, auf für mich ärgerliche Mails nicht am gleichen Tag zu antworten. Denn es ist immer das Gleiche: Egal, wer sich da im Ton vergriffen hat, ob Chef oder Mitarbeiter. Die Versuchung, selbst pampig zu reagieren, ist riesig. Ich hacke dann zwar eine rotzige Antwort in die Maschine, aber speichere sie unter Entwürfe. Am nächsten Morgen hat sich die Wut meistens schon verzogen, und jetzt kann ich eine sachliche Entgegnung schreiben. Und die Wut-Mail landet im Papierkorb.

Das meint die Jury:

- Ist schon vollkommen okay. Und es spart auch die sachliche Mail, die man zwei Stunden nach der Wut-Mail aus Gewissensgründen (oder um es nicht noch schlimmer zu machen) hinterherschicken muss.

- Eine uralte Strategie der Bundeswehr! Das Beschwerderecht dort sagt eindeutig, dass man sich erst einen Tag später nach dem Vorfall beschweren darf. Warum wohl!?

- Ich habe den Kriegsdienst verweigert. Darf ich dann die Strategie auch anwenden?

- Der Tipp ist gut, das spart oftmals viel Ärger. Und wer seine »Antwort« gut überlegt, hat meistens eine bessere Position.

- Im Prinzip ein ganz simpler Trick, trotzdem ist er ausgesprochen sinnvoll. Meistens will man seinem Ärger direkt Luft machen. Da nicht jeder bei der Bundeswehr war, unbedingt erwähnenswert!

Genau das hätte ich neulich auch schon wissen müssen. Da habe ich meiner Chefin eine gepfefferte Mail geschickt, nachdem sie mich bei der Teamsitzung so bloßgestellt hat. Aber jetzt habe ich natürlich total verschissen bei ihr. Mist, das war nicht gut.

Ach ja, die Kommunikation! Beim Mailen hat man ja wenigstens noch Zeit, sich Gedanken zu machen. Aber beim Telefonieren bin ich manchmal einfach überfordert, weil alles so schnell geht. Manchmal lege ich auf und habe mir noch nicht mal den Namen meines Gesprächspartners gemerkt. Ist das schon Alzheimer?

Nee, keine Angst, das ist ganz normal. Aber wenn du einige Tipps beherzigst, kannst du auch beim Telefonieren Nerven sparen.

Effizient telefonieren: Ärger und Zeit sparen

Wir tun es alle täglich – und doch weiß keiner so genau, worauf es beim Telefonieren eigentlich ankommt. Dabei sollte es zum kleinen Einmaleins des Berufsalltags gehören. Richtig telefonieren spart nämlich Ärger, Zeit und Nerven. Außerdem kommt ein professioneller Stil an der Strippe immer gut an: egal ob bei Geschäftspartnern oder Kollegen.

Hier sind also die wichtigsten Regeln, die ihr beachten solltet:

1. *Stell dich komplett vor.* Sage deinen Namen, den Namen der Firma, für die du arbeitest, und begrüße deinen Gesprächspartner angemessen. Achte darauf, diese ersten Worte in normalem Tempo und verständlich zu formulieren. Oft ist man etwas nervös, was zu überhöhter Sprechgeschwindigkeit führt. In diesem Fall: noch einmal durchatmen, bevor du den Hörer abnimmst!

2. *Lächle gelegentlich beim Reden.* Das sieht dein Gesprächspartner zwar nicht, aber er oder sie hört es. Natürlich klingt es doof, wenn du die ganze Zeit in den Hörer grinst. Aber gerade bei Aussagen mit einem emotionalen Gehalt (»Schön, dass ich Sie erreiche!«) sollte man nicht mit ausdruckslosem Gesicht dasitzen. Denn dann wirkt das Gesagte unecht.

3. *Sprich dein Gegenüber öfter mit Namen an.* Auch das ist eine emotionale Sache. Wer direkt mit Namen angesprochen wird, fühlt sich geschmeichelt. Dadurch erzeugst du eine größere Verbindlichkeit und stärkst die Bindung deines Gegenübers an dich. Notiere dir den Namen des Gesprächspartners am besten auf dem Notizblock, der beim Telefonieren sowieso immer vor dir liegen sollte.

4. *Höre zu und fasse die wichtigsten Informationen am Ende zusammen.* Gerade das Zuhören ist eine hohe Kunst, die nicht jeder beherrscht. Aktives Zuhören besteht darin, das Gesagte immer wieder kurz zusammenzufassen, um sich zu versichern, dass man alles richtig verstanden hat. Bei relativ kurzen Gesprächen reicht es, die wichtigsten Informationen am Ende kurz zu wiederholen. Gleichzeitig solltest du diese Punkte schriftlich notieren.

5. *Verabrede die nächsten Schritte.* Ein Telefongespräch ist Schall und Rauch. Wenn du Pech hast, vergisst dein Gegenüber alles Besprochene sofort wieder. Deshalb solltest du am Ende des Gesprächs die nun folgenden Schritte mit ihm verabreden. So erzeugst du ebenfalls eine größere Verbindlichkeit. Besprich, wann ihr wieder telefonieren werdet und was bis dahin von wem erledigt werden soll. Und: Notiere dir das gleichzeitig, denn auch du kannst dir nicht alles merken.

Und das war noch nicht alles. Hier geht es gleich weiter …

Kostenlos telefonieren … so geht es!

Wenn man begrenzt (privat 15 min/zu einer Firma 60 min) kostenlos telefonieren will, ist das ganz einfach. Ihr geht einfach z. B. auf www.goyellow.de, gebt die gesuchte Telefonnummer oder Adresse ein. Drückt den Button »kostenlos telefonieren« und folgt den Anweisungen. Ist alles ganz einfach. Ihr könnt dann noch wählen, ob ihr sofort oder ein paar Minuten später die Verbindung haben wollt, und los geht es. Kann beliebig oft wiederholt werden.

Das meint die Jury:

- Äh, telefoniert man dann normal übers Festnetz oder übers Internet? Das hab ich noch nicht so ganz verstanden.

- Tja – und dann – tonnenweise Werbung? Oder nette Anrufer, die einem was per Telefon verkaufen wollen? Nein, danke!

- Gaaanz Klasse! Noch ein Telefonbuch, aus dem sich diese Call-Center-Ich-mache-da eine-Umfrage-und-wären-Sie an-einem-Zwölfjahresabo-der-Zeitschrift-Wendy-interessiert-Schmeißfliegen Nummern suchen, um uns zu nerven. Nicht mit mir. 15 Minuten kosten mich 15 Cent. Das ist mir meine Ruhe schon wert.

- Warum muss eigentlich immer erst mal gemeckert werden, ohne zu wissen, um was es geht? Man kann darüber nur Personen anrufen, die sowieso im Telefonbuch stehen, und außer einer kurzen Ansage, dass man verbunden wird, passiert gar nix. Ich nutze es seit Wochen und freue mich über die gesunkenen Kosten.

- Ich finde das Angebot auch super! Zur näheren Information: Aus der Zeitschrift Finanztest 3/06:

»Wer zum Beispiel mit einer Flatrate stets online ist und das etwas umständliche Prozedere nicht scheut, kann mit ›Click-to-Connect‹

seine Telefonrechnung ganz sicher senken. Für all jene, die sofort lostelefonieren wollen, wenn ihnen der Sinn danach steht, ist das Angebot nichts.«

- Das funktioniert wirklich sehr gut, hab es vorhin probiert und finde den Tipp richtig super.

- Cool, aber das klappt scheinbar nur mit welchen, die auch im Telefonbuch stehen. Mein Freund steht nicht drin … grummel.

- Das steht doch oben, du Dösel!

- Ich stehe im Telefonbuch. Wenn du möchtest, kann ich dein neuer Freund sein, dann klappt es auch mit dem kostenlosen Telefonieren :O)

- Funktioniert einfach prima! Die Sache hat KEINEN Haken! Ich rufe so jeden Tag einmal zu Hause an, und es kostet wirklich nichts.

  Echt super Tipp!

- Wer kostenlos telefonieren will, kann dies auch mit sparvoip.de tun. Registrieren, und zehn Euro einzahlen. Anschließend 120 Tage kostenlos ins Festnetz telefonieren. Außerdem können die zehn Euro ins Handynetz vertelefoniert werden.

- Bei www.peterzahlt.de kann man 30 Minuten kostenlos telefonieren, wenn man ’nen Rechner in der Nähe hat.

- Und macht das Ganze wahrscheinlich aus purer Nächstenliebe, nicht wahr?

- Diese Seiten finanzieren sich über Werbung. Während du telefonierst, läuft in einem Fenster Werbung ab, die du dir anschauen sollst. Das heißt, das Fenster darf nicht mit »x« geschlossen werden, der Rest ist egal. Ich finde es klasse!

Runter mit den Telefon-Internetkosten

Das kennt doch jeder: Kaum ist man zu Hause ausgezogen, merkt man erst, wie viel man vertelefoniert. Und dann noch die Internetkosten!

Hier der Tipp: Bewegen sich Telefon- und Internetkosten zusammen über 50 Euro im Monat, lohnt sich ein Komplettangebot. Aber: Die Telefonflat bezieht sich nur auf Telefonate über VOIP (Voice-over-IP/Internettelefonie), Festnetztelefonate kosten extra. Zusätzlich muss beachtet werden, dass bei manchen Anbietern zu dem Vertrag noch die ISDN-Kosten hinzukommen, nicht immer gibt es DSL ohne einen ISDN-Anschluss.

Bei weniger als 50 Euro lohnen sich Telefonate über Call-by-Call-Anbieter. Über www.teltarif.de kann man sich den günstigsten Anbieter suchen. Natürlich kann man das auch für Internet benutzen. Und hier bietet sich dann ein Programm an, um günstig zu surfen: Smartsurfer kostenlos bei www.web.de zu laden.

Das meint die Jury:

- Für alle, die die Telefon-Call-by-Call-Preise nicht extra im Internet nachsehen wollen, empfehle ich die Videotextseiten von ARD und ZDF.

- Unter www.geldsparen.de bekommen Call-by-Call-Füchse den Telefon-Spar-Rechner als Newsletter. Gibt es für Orts-, Fern- und Mobilfunk. Täglich beziehungsweise wenn sich Tarife, Preise, Taktung ändern. So telefoniert man etwa zur Zeit vom Festnetz zu Mobil für nur 10,5 Cent.

- Der Trend geht momentan auch in Richtung Internet per Kabel. Wer also sowieso schon einen Kabelanschluss für seinen TV hat und kein Besitzer von DVBT ist, kann sich über diesen gleichzeitig noch einen Internetanschluss und einen Telefonanschluss legen lassen (Anbieter »iesy« Kabelgebühren zuzüglich 35 Euro monatlich).

● Dieser Tipp funktioniert aber nur, wenn man ausschließlich in Deutschland telefoniert. Wenn man wie ich viele Auslandstelefonate (nicht Europa/USA) führt, braucht man den Telekom-Anschluss, um die günstigen Vorwahlen nutzen zu können, die bei anderen Anbietern zumeist gesperrt sind.

Da fällt mir eine Diskussion ein, die ich neulich mit Ingo hatte. Es ging um das Ladegerät meines Handys. Das habe ich nämlich immer in der Steckdose, und Ingo behauptet, dass es dort Strom verbrauchen würde, selbst wenn ich mein Handy gerade nicht auflade. Stimmt das denn?

Oh ja, da hat dein Göttergatte ausnahmsweise mal ganz recht.

Ha! Endlich bekomme ich mal Unterstützung.

Strom sparen beim Handyaufladen?

Jeder zweite Deutsche hat ein Handy. Ladegerät in die Steckdose, Handy dran und ab geht es. Aus Bequemlichkeitsgründen lässt man das Ladegerät doch direkt an der Steckdose, da man es ja in ein paar Tagen sowieso wieder braucht. Aber: Das Ladekabel, auch wenn kein Handy dranklemmt, zieht permanent Strom. Zwar wenig, aber auf die Dauer kann man sich ja ausrechnen, was da rausgeht. Kenne Leute, die ihr Ladekabel 365 Tage an der Steckdose haben.

Das meint die Jury:

- Das mit dem permanenten Stromziehen gilt natürlich auch für alles andere, was Netzstecker und Akku hat – also etwa Laptops oder Dimmerstehlampen.

  Also: Entweder bei Nichtgebrauch ausstöpseln oder an eine Steckdosenleiste mit Schalter hängen.

- Guter Tipp! Ich verallgemeinere den Kommentar noch ein bisschen: Alles, was einen Trafo hat (die dicken Stecker, manchmal auch als Zwischenstück im Kabel oder im Gerät), verbraucht Strom, weil die Spannung runtergeregelt wird. Das merkt man am warmen Trafo. Also: Stecker raus!

- Off-Topic-Anekdote: Während ein Freund von mir mal mit Laptop auf der Veranda saß, fand sein Trafo einen eigenen Fan: eine Eidechse. Die fand das Gerät so schön warm, dass sie sich lang und breit drauf rumräkelte. Als die Arbeitssitzung beendet war, der Laptop – natürlich – ausgesteckt wurde und die Eidechse ihren Platz geräumt hatte, zeigte sich dann aber, dass Wärme bei Reptilien wohl auch die Verdauung in Gang setzt.

- Für TV-, DVD-Player und so weiter gibt es eine gute Lösung: Master-Slave-Steckerleisten. Gibt es ab und zu auch bei Discountern. Die haben eine Steckdose, deren Strom überwacht wird. Sinkt der unter ein einstellbares Level, werden die anderen Steckdosen abgeschaltet. So kann man einfach über die Fernbedienung alles ein- und ausschalten.

- Ich kenne Leute, die Leute kennen, die ihr Ladekabel schon 845 Tage in der Steckdose hatten. Krass, oder?

- Danke, hab gerade mein Ladekabel rausgezogen *g* :-)

- Das Gleiche gilt bei Halogenlampen, die ziehn auch immer Strom. Hab einfach 'ne Steckleiste genommen mit An-/Ausschalter. Super Sache.

- Bei Globetrotter gibt es eine Handkurbel für sechs Euro zum Aufladen des Handys. Für Enthusiasten. Oder eine Solarzelle zum Handyladen für Technikfreaks oder ein Radio mit Kurbel und Solarzellen, das kann beides. Aber ist teuer, immerhin fast 60 Teuronen.

- Das mit dem Ausstecken stimmt wirklich. Hab grundsätzlich nur das Gerät eingesteckt, das ich gerade benutze. Alles andere ist ausgesteckt. Besucher lachen mich zwar aus, wenn ich Radio, Licht oder TV immer erst einstecken muss. Wenn die Rechnung kommt, kann ich mit Stolz lächeln ;-).

Strom sparen mit dem Fernseher und der Anlage

An meinem Fernseher und meiner Anlage habe ich eine Steckerleiste mit einem Schalter angebracht und eine kleine Lichterkette, die in einem Glas mit schöner Deko abends für gemütliches Licht sorgt. Der Gedanke dahinter ist, dass ich, wenn ich schlafen gehe, anhand des Lichts sehe, ob die Steckerleiste schon ausgeschaltet ist. Dann ist weder die Anlage noch mein Fernseher auf Stand-by-Betrieb, ich spare eine Menge Strom, habe zudem noch ein gemütliches Licht und nicht die volle Beleuchtung an.

Das meint die Jury:

- Ob man das braucht, ist natürlich jedem selbst überlassen, aber für die Faulpelze unter uns, die sonst Fernseher und Anlage auf Dauer-Stand-by lassen würden, klingt das doch überlegenswert!

- Alle Geräte ziehen bei ›Schalter aus‹ Strom, eine Schalterleiste macht durchaus Sinn und spart.

- Die Lichterkette verbraucht aber auch Strom :).

- Die Idee ist prima und wird bei uns schon überall eingesetzt. Und wenn es eine LED-Lichterkette ist, gibt es nichts Besseres, um Energie zu sparen.

- Bleibt die Frage, wann sich die Investition (LED-Lichterkette + Schalterleiste) bei einem modernen Fernseher mit weniger als ein Watt Stand-by-Leistung lohnt.

  Und letztlich kann man auch ganz hart rechnen, wie viel einem die eigene Bequemlichkeit in kW/Tag wert ist. Aber das ist eine persönliche Vorliebe.

- Da viele ältere, aber auch neuere Geräte mehr als ein Watt im Stand-by verbrauchen und man ja meist mehrere Geräte (TV, Sat-Receiver, DVB-T Tuner, DVD-Player, Video- oder DVD-Recorder, Verstärker, CD-Player, Radio-Tuner) hat, kommen da sehr schnell zig Euro zusammen. Am besten mal mit einem Strommessgerät nachschauen, wie viel Stand-by-Strom die Anlage zieht.

- Der mittlere CO_2-Austoß für eine Kilowattstunde Stromproduktion im Kraftwerksmix ist 0,63 kg CO_2. Da sollte eigentlich niemand so bequem sein, das nicht einzusparen. 0,63 kg CO_2 pro kWh hört sich zwar wenig an, aber so kommen leicht einige hundert kWh im Jahr zusammen. Ich denke, jedes einzelne Kilogramm CO_2 zählt, weil die Summe aller Stromsparer riesig ist.

- Eine Kilowattstunde bedeutet immer noch 1000 Watt/Stunde. Dafür musst du viele Geräte im Stand-by halten. Und einige Hundert Kilowattstunden wirst selbst du kaum im Stand-by erreichen. Aber Hauptsache Panik machen.

● Bei uns geht danach leider die Uhr nicht mehr.

● Eine Studie des Fraunhofer ISI Instituts ermittelte einen Stromverbrauch in den Haushalten durch so genannte Leerlauf- und Stand-by-Verluste in Höhe von etwa 240 kWh je Jahr und Person – diese »Abfallmenge« beträgt zirka 16 Prozent des Gesamtstromverbrauchs im Haushalt.

Sprich: Wem's nicht um die Umwelt geht, dem könnte es wirklich um den eigenen Geldbeutel gehen.

● Abgesehen davon, dass es hier nur um Fernseher und Anlage bei dem Tipp ging, mal ein kleines Rechenbeispiel: Als Durchschnittspreis nehme ich mal 0,1433 Euro pro kWh. Multipliziert mit 100 kWh (obwohl die Geräte ja nicht das ganze Jahr im Stand-by laufen) ergibt das einen Preis von 14,33 Euro im Jahr extra nur für Stand-by! Bestell dir also nicht direkt ein neues Auto, wenn du deine Geräte nicht mehr im Stand-by hältst.

● Eigentlich sollten alle Hersteller den genauen Jahres-Stand-by-Verbrauch auf die Packung schreiben. So würde auch dem ignorantesten Käufer auffallen, dass ein bestimmtes Gerät zum Beispiel 15 Euro pro Jahr kostet.

Na, das nenne ich jetzt mal eine erschöpfende Diskussion!

Noch Fragen zum Thema Technik und Kommunikation?

Nä!

Ähh, doch. Auch auf die Gefahr hin, dass ich mich jetzt als totaler Dummie oute – könnt ihr mir mal sagen, wie ich einfach, schnell und billig eine eigene Homepage basteln kann? Alle meine Kumpels haben inzwischen ihre Domain, sogar mit coolen Mailadressen. Aber ich habe mich da bisher einfach noch nicht rangetraut.

Ingo, das finden wir jetzt aber richtig gut, dass du als Mann auch zu deinen technischen Schwächen stehen kannst! Klar, da kann dir Bernhard aus berufenem Mund eine kleine, aber feine Einführung geben.

Was kostet meine eigene Homepage?

Deine Lieblingskneipe um die Ecke veröffentlicht ihre Öffnungszeiten nur noch im Internet. Und dein Nachbar langweilt den ahnungslosen Surfer in seinem Internettagebuch (»Weblog«) mit der weltbewegenden Nachricht, dass er diese Woche schon dreimal mit seinem Hund Gassi gegangen ist. Jetzt wird es Zeit für eine eigene Website – damit die Welt erfährt, dass Nachbars Lumpi exakt in deinen Garten schei*t. Nur, was kostet so eine eigene Homepage? Wie viel Aufwand bedeutet es? Und benötigt man dafür Programmierkenntnisse? (Offensichtlich kann es dein Nachbar, der ansonsten nicht den Eindruck macht, als wäre er eine Leuchte.)

Das sind leider sehr allgemeine Fragen, die sich meist nicht so einfach beantworten lassen. Zunächst kommt es ganz darauf an, was du alles auf deiner Homepage machen willst. Danach, ob du dich mit den ganzen Internettechnologien etwas auskennst. Zu guter Letzt, wie viel Zeit und, vor allem, wie viel Geld du in deine Internetpräsenz investieren willst! Im Folgenden wollen wir die ersten Schritte und Investitionen beschreiben, die nötig sind, um eine erste Homepage ins Netz zu stellen. Für Profis mag das vielleicht nicht so interessant sein, aber Anfängern sollte es den Einstieg erleichtern.

Zuerst benötigst du zwei Dinge: eine Internetadresse (das sind die Dinger, die mit »www« anfangen) und Speicherplatz auf einem so genannten Server, wo du deine Homepage abspeichern kannst. Bei den meisten Anbietern bekommt man die beiden Dinge gleich gemeinsam. Und damit kann es eigentlich auch schon losgehen mit der eigenen Homepage. Gibt man deine Internetadresse in einem Webbrowser ein, erscheint das, was du auf dem Server, der deinen Speicherplatz beherbergt, abgelegt hast.

Die Internetadresse und der Speicherplatz auf dem Server sind auch die beiden Punkte, die meistens Geld kosten. Für eine einfache private Website reicht hier bereits das kleinste »Paket« aus. Die großen Anbieter in Deutschland wie zum Beispiel www.1und1.de oder www.strato.de bieten Einsteigerangebote an, die den Geldbeutel monatlich gerade mal mit ein bis fünf Euro belasten. Domain, Speicherplatz, E-Mail-Adressen und noch ein paar andere Dinge inklusive. Das ist schon ziemlich günstig, weshalb man kostenlose Angebote ruhig links liegen lassen sollte. Denn dort wird meist automatisch fremde Werbung auf der eigenen Homepage angezeigt. Und wer will schon ständig für Viagra und Penisverlängerung werben? Die Einsteigerpakete enthalten meist auch schon eine Art »Homepagebaukasten«. Mit dem kann man sich ohne Programmierkenntnisse eine erste Homepage zusammenklicken.

Für viele Menschen interessant ist aber heutzutage ein »Weblog« (oder »Blog«). Ein Weblog ist eine Art Online-Tagebuch, in dem der »Blogger« oder »Blogianer« (meist täglich) Einträge veröffentlicht. Oftmals können Besucher ihren eigenen Senf zu den Einträgen des Bloggers dazugeben. Im besten Fall entspannt sich eine lebhafte Diskussion über Gott und die Welt. Dabei sind der Themenvielfalt keine Grenzen gesetzt: Es gibt private Blogs, in denen Menschen über ihren Alltag schreiben, thematische Blogs und kommerzielle Blogs. Die meisten der oben genannten Einsteigerpakete enthalten bereits eine einfach zu bedienende Weblog-Software. Viele Anbieter haben sich inzwischen sogar auf Weblogs speziali-

siert. Dort kann man sich (oft kostenlos) einen eigenen Weblog zulegen, ohne dass man extra eine eigene Homepage einrichten muss. Wer gerne in die »Blogosphäre« eintauchen und einen Weblog ins Leben rufen will, kann sich auf folgender Website informieren: www.meine-erste-homepage.com/weblog.php. Dort gibt es verschiedene Anbieter von Weblogs, und du kannst dir einen passenden aussuchen.

Wenn diese Hürden auf dem Weg zur eigenen Homepage und zum eigenen Blog überwunden sind, gibt es eigentlich keine Grenzen mehr. Du findest im Netz jede Menge Internetseiten, um dich in Sachen eigener Homepage fortzubilden. So mancher blutige Anfänger ist heute Webdesigner oder Programmierer! Je nach Interessenlage und Zeit lernt man immer mehr. In welche Richtungen das Ganze gehen kann, können und wollen wir hier nicht vertiefen. Aber eine wirklich wertvolle Website für alle »Homepage-Anfänger« ist www.meine-erste-homepage.com. Dort findest du wirklich alles, was du am Anfang benötigst: Links zu den richtigen Anbietern, Grundlagenwissen, hilfreiche Software und Links zu weiteren vielen Quellen, die dabei weiterhelfen, dein Wissen zu vertiefen und deine Homepage zu verbessern.

Jetzt will ich euch auch mal einen coolen Tipp verraten. Kennt ihr den …? Stammt noch aus der guten alten Zeit der Gelben Post (die mit den Briefmarken ;-)).

Briefmarken sparen

Bei vielen Gewinnspielen gibt es Antwortkarten (du füllst die Postkarte aus, auf der rechten Seite steht der Empfängername, und oben drüber steht »Antwort«). Sobald »Antwort« auf der Karte steht, braucht man sie nicht mit einer Briefmarke zu bekleben. Selbst wenn dort »bitte freimachen« aufgedruckt ist. Der Empfänger möchte ja in diesem Fall eine Antwort haben (etwa eine Bestellkarte bei Otto).

Das meint die Jury:

- Stimmt, ich streiche diesen Kommentar immer durch und weise mit einem Pfeil auf das Wörtchen »Antwort« hin. Kommt ohne Probleme an und ist rechtlich »voll in Ordnung«!

- Nur zum Portosparen ist mir der Tipp zu schade. Zieht man das aber konsequent ein Jahr lang durch, kann man den Briefkastenspammern gut den einen oder anderen Euro Verlust bescheren. Weitersagen!

- Der Tipp meint nicht, dass ihr so eure Werbung loswerden könnt, sondern dass ihr es nicht freimachen müsst, wenn ihr *wirklich* mal was zurückschicken wollt (Bestellschein, Gewinnspiel).

- Das gilt auch für Umschläge. Überall, wo Antwort draufsteht, braucht man keine Briefmarke. Ich mache das schon seit Jahren.

- Ich mache das so ähnlich bei Mahnungen: Zahle zwar die Gebühr, aber lasse dann die Mahngebühren weg, die werden meist nicht wieder neu verlangt (bin halt sparsam).

- Solange man bei der Überweisung schreibt, dass das Geld exklusiv Mahnkosten ist, geht das. Sonst nehmen sie die Mahnkosten und dann erst die offene Summe. Und wenn das überwiesene Geld weniger ist als ihre Forderung, klagen sie wieder.

- Guter Tipp. Die Frage ist nun, wenn ich auf eine Urlaubskarte ANTWORT draufschreibe, muss dann meine Oma das Porto bezahlen?

Nicht schlecht, Ingo! So langsam wirst du zum professionellen Sparer!

Ha, ich habe da auch was auf Lager! Zugegebenermaßen geht es weniger ums Sparen, aber ich finde das trotzdem gut.

Briefumschlag selbstgemacht – billig und kreativ

Jeder hat doch eine Lieblingszeitschrift, die man sich jede Woche kauft, und da sind mehrere Seiten voller Werbung.

Die reiße ich immer raus. Ich nehme einen Briefumschlag, den ich vorsichtig öffne und den ich dann auf die Werbeseite aufzeichne. Dann schneide ich aus, falze zu einer Hülle, klebe ihn zusammen und schon habe ich einen Briefumschlag, der nicht viel kostet.

Das meint die Jury:

- Mach ich seit Jahren auch, mit alten Kalenderblättern!

- Gute Idee, sieht auch sehr schön aus – gerade wenn man Werbung mit Sonnenuntergängen nimmt.

- Wer sich selbst aus Kostengründen Briefumschläge bastelt, der benutzt auch das Klopapier von beiden Seiten. Leute, Leute.

- … und nimmt die Klobürste auch als Spülbürste und Zahnbürste. *g*

- Und der Brief geht dann natürlich an jemanden, an dessen Briefkasten steht »Bitte keine Werbung einwerfen«. Und ihr wundert euch, warum euch niemand antwortet! Aber die Idee mit den Kalenderblättern ist nicht schlecht.

● Man kann es ja wohl übertreiben mit dem Sparen. In jedem Discounter gibt es Umschläge immer wieder mal sehr günstig. Kaufe dann einen Hunderterpack, der reicht Jahre. Was hast du denn gespart, du brauchst doch auch Kleber dazu?

● Ich glaube, da geht es weniger ums Sparen als um die Idee. Farbige Briefumschläge kosten viel Geld und sind eben nur einfarbig. Noch dazu meist in einer Farbe, die so eben an der vorbei ist, die man gerne hätte. Warum nicht einen schönen Umschlag selbermachen? Der ist auf jeden Fall billiger als gekaufte bunte Umschläge, sieht nett aus und beschäftigt einen auch noch 'ne gewisse Zeit.

● Ich hab selber schon mal so einen schönen Briefumschlag bekommen. Hat mich gefreut. Einen Brief in einen Umschlag stecken kann jeder, aber was Nettes zaubern … das hat was.

● Ich benutze solche bunten Werbeseiten auch als Geschenkpapier. Macht sich gar nicht schlecht. Dabei geht es aber wirklich weniger ums Sparen als um die Idee.

● Na super! Welche Maschine bei der Post soll das Buchstabengewirr eines selbstgefalteten Briefumschlages lesen können? Mag ja für »interne« Zustellungen oder »Geschenke« nett ausschen, ist aber keinesfalls zum Versenden irgendwelcher Poststücke oder Briefsendungen geeignet.

Das sollte wohl vermerkt werden beim Tippgeben! Eine schlaue Mutti würde das zumindest dazu sagen!

● Wer im Schnitt von zehn Paketen drei kaputt ankommen lässt, darf sich auch mal mühen, einen Brief zuzustellen. Er kommt auf jeden Fall an, da die Post verpflichtet ist, zuzustellen, wenn die Briefmaße eingehalten werden und er ausreichend frankiert ist. Kannst auch 'ne Adresse auf ein Blatt schreiben, Briefmarke drauf und in den Kasten werfen. Briefe, die die Maschine nicht erkennt, werden per Hand bearbeitet. Das sind übrigens fast alle, auf denen handschriftliche Adressen stehen. Was macht es da bitte, wenn der Umschlag gemustert ist?

• Das ist 'ne tolle Idee, gerade wenn man jemandem eine Geburtstagskarte schickt.

• Ihr könnt das gerne machen, nur müsst ihr dran denken, dass ihr nicht 55 Cent draufpappt auf euren Brief, sondern 90 Cent. Briefe für 55 Cent müssen bei der Post maschinenfähig sein. Ab 90 Cent dürft ihr buntes Papier benutzen. Wenn ihr nur 55 Cent draufklebt, darf euch die Post den Brief zurückgeben oder beim Empfänger Strafporto verlangen.

Da Briefe nur stichprobenweise geprüft werden, wird der eine oder andere durchrutschen, aber bitte nicht wundern oder meckern, wenn ihr Zusatzkosten habt. Ansonsten viel Spaß mit den bunten Briefen. Wenn es richtig frankiert ist, hab ich auch als Postlerin nichts dagegen einzuwenden.

• Dass so ein netter, kreativer Tipp so viel Wirbel macht, spricht doch schon Bände! Klar kann man seine Kuverts beim Discounter billig besorgen und Briefe auch mit dem Computer schreiben. Selbst wenn man zu blöd für einen netten Spruch ist, hilft das Internet mit vorgekauten Schwafel-SMS – aber wer will denn schon jeden Tag Hausmannskost! Also, guter Rat an alle – seid doch etwas toleranter! (Ich habe meinen ersten Liebesbrief auf eine Serviette geschrieben – die zugefaltet, auf der Vorderseite adressiert und eine Marke draufgeklebt. Der Brief ist aus der Türkei hier pünktlich angekommen, und unsere Beziehung hat zehn wundervolle Jahre gehalten.)

• Andere Variante: Gummibärchentüte auswischen, Brief rein, umschlagen, zutackern, Adresslabel drauf, ab die Post!

Wie wild weiterklicken …

… billiger-telefonieren.de
… meine-erste-homepage.com
… frank-geht-ran.de
… peter-zahlt.de

Sparen @ Körperpflege

Ingo: »Stell dich mal hinter dem Dicken da an« – zuerst fühlte ich mich gar nicht angesprochen, doch als der Dreikäsehoch beim Popcornstand zielstrebig das Ende meiner Schlange suchte, kam ich ins Grübeln. Auch mein böser Blick in Richtung weiblichem Begleitpersonal konnte meine Zweifel nicht besänftigen. Die Popcorns schmeckten dann auch nicht mehr wie sonst, und immer wieder fiel mein Blick während des Hauptfilms auf die fröhliche kleine Kugel unter mir. Keine Ausrede mehr: Ich bin zu dick. Dieses ganze Rumsitzen am Computer, im Auto, vor der Glotze, das ist nicht eben der richtige Workout für den Traumbody. Gestern morgen dann der Supergau. Beim Zuknöpfen meiner Lieblingsjeans springt mir der Knopf am Hosenbund weg. Und als ich das Designer-Jackett von meinem Hochzeitsanzug anziehen will, geht gar nichts mehr. »Wird auch mit der Zeit immer enger«, habe ich noch geschnaubt, als ich wie eine Pellwurst vor dem Spiegel stand. Aber Kathrin hat nur mitleidig geguckt. Und schließlich bin ich abends in der Sauna auf die Waage gestiegen: mit persönlicher Bestleistung, denn da habe ich tatsächlich zum ersten Mal die 90-Kilo-Marke geknackt. Und das nach drei Saunagängen. Ganz schön düster, oder?

Muttis: Ja, Ingo, aber du bist nicht allein: Zwei von drei deutschen Männern sind übergewichtig. Zu diesem Ergebnis kommt die zweite »Nationale Verzehrsstudie« 2005/2006. Seit der ersten Studie dieser Art in den 1980er-Jahren haben vor allem Jugendliche und erwachsene Männer deutlich an Gewicht zugelegt.

Ingo: Das heißt aber nicht, dass meine Pfunde in der Masse nicht auffallen, denn die Frau hatte mit »dem Dicken da« eindeutig mich gemeint.

So war es auch nicht gemeint. Im Gegenteil: Auch wir wissen, wovon wir reden ;-). Also haben wir euch eine kleine Übersicht mit den fünf besten Kalorien-Spar-Tipps erstellt, die euch helfen soll, effektiv Gewicht zu sparen.

Kalorien sparen!

1. Wasser statt Fruchtsäfte

Was bringt's?

Ein Liter O-Saft hat etwa *500 Kalorien*. Das ist sogar deutlich mehr als Cola oder Fanta. Bei einem durchschnittlichen Verbrauch von 2000 Kalorien am Tag habt ihr also bereits ein Viertel gedeckt, wenn ihr einen Liter Saft trinkt. Zudem belegen Studien, dass der Körper die mit Getränken eingenommenen Kalorien zwar aufnimmt, aber nicht richtig wahrnimmt, sodass am Ende deutlich mehr Hungergefühl bleibt.

2. Alkohol vermeiden

Was bringt's?

Zwei kleine Bierchen am Abend haben etwa *300 Kalorien*. Ein Viertele Rotwein etwa 200 Kalorien. Zusätzlich regt Alkohol den Appetit an. Wer hier die Bremse zieht und ganz verzichtet, hat gut ein Fünftel seines Tagesbedarfs »eingespart«.

3. Langsam essen

Was bringt's

Wer langsam isst, nimmt laut Studien etwa 70 Kalorien weniger pro Mahlzeit auf. Das macht bei drei bis vier Mahlzeiten am Tag bereits *rund 250 Kalorien* Ersparnis. Außerdem wird von Testpersonen das gemächliche Futtern als deutlich lust- und genussvoller bewertet. In diesem Zusammenhang gilt auch: Stehimbisse meiden, denn die verführen besonders zum Schnellessen. Aber: Natürlich kann man auch in einem Fastfood-Restaurant sehr langsam und bewusst einen leckeren Burger verspeisen!

4. Ausschlafen
Was bringt's?
Die eingesparte Kalorienzahl ist hier nicht zu beziffern. Aber nach umfangreichen Studien scheint es trotzdem erwiesen zu sein, dass ausreichend Schlaf vor Übergewicht schützt. Man spricht von 15 Prozent mehr Wahrscheinlichkeit, zu dick zu werden, wenn man Kurzschläfer ist. Wissenschaftler erklären sich den Vorgang damit, dass der Körper bei Schlafmangel mit der Reduzierung des Grundumsatzes reagiert. Warum auch immer er das tut – jedenfalls ist das natürlich fatal für alle, die abnehmen möchten. Also, immer schön ausschlafen!

5. Das Beste zuerst essen
Was bringt's?
Sich selbst zu kasteien bringt auch beim Abnehmen nichts. Man sollte sich also immer wieder das gönnen, worauf man Lust hat. Ja, es ist sogar angesagt, das Beste zuerst zu essen. Denn wer beim Mahl die guten Speisen für später aufhebt, der ist unter Umständen dann schon fast satt – und isst mehr als nötig.

6. Sport treiben
Kein Sport bringt mehr für Ausdauer und Fettabbau als das Joggen. Egal, ob Kalorienverbrauch oder Konditionstraining – als Läufer bewegt man sich stets an vorderster Spitze des Felds. Aber auch sonst frisst Bewegung Kalorien, und zwar in 30 Minuten (berechnet auf eine Person mit 65 Kilogramm Gewicht) bei

Aerobic	207
Gerätetraining im Fitness-Studio	360
Fußball	260
Gartenarbeit	164
Joggen	406
Küssen	100
Radfahren	330
Schwimmen	250
Sex	160
Ski fahren	186
Tanzen	140
Walking	215

Ihr habt das Bügeln vergessen: 65 Kalorien, und Ingo ist nie in einer halben Stunde fertig. Außerdem müsste er vor allem Folgendes beherzigen: Süßigkeiten nur noch in Maßen futtern!

Da fällt uns eine schöne Geschichte ein:

Süßigkeiten in Massen

Für ein Jugendzeltlager, bei dem ich als Betreuer dabei sein sollte, haben wir wie immer vorher einen Handzettel an die Eltern der Kinder verteilt. Darauf stand auch, dass sie ihren Sprösslingen nicht zu viele Bonbons, Riegel und Schokolade mitgeben sollten. Das ist ja schließlich ungesund! Wir hatten wörtlich geschrieben: »Süßigkeiten in Maßen.«

Als wir dann am ersten Abend vor Ort waren, hatte ein Junge jede Menge Süßkram dabei. Er war natürlich der Held bei seinen Kumpels. Das war nicht weiter schlimm, aber natürlich wollten wir wissen, warum die Eltern des Kleinen unsere Bitte so komplett missachtet hatten. Schließlich stellte sich heraus, dass die Mutter Amerikanerin war, zwar sehr gut Deutsch konnte, aber das scharfe S mit dem Doppel-S verwechselt hatte. »Süßigkeiten in Massen« hatte sie gelesen und als Aufforderung verstanden, ihren Filius ordentlich einzudecken.

Tatsächlich war es uns auch nicht klar gewesen, wie nahe »in Maßen« und »in Massen« beieinander lagen. Inzwischen schreiben wir: »Möglichst wenig Süßigkeiten.« Das hat noch niemand missverstanden.

Jaja, so kann es laufen … und natürlich gibt es da noch jede Menge weitere gute Tipps!

Schlank-Keks schmilzt Pfunde

Es ist ganz einfach: Ihr esst morgens in aller Ruhe einen Keks und bleibt danach lange satt. Ihr spart dadurch Butter, Brotaufstrich, das »Rumgefresse« zwischendurch und baut stattdessen Fett ab!

Habe es selbst ausprobiert und bin begeistert! Wichtig: viel trinken!!

Damit sich der Aufwand lohnt, backt gleich eine größere Menge. Die Kekse halten in einer gut verschlossenen Dose bis zu 20 Tage.

Hier die Rezepte:

Rosinenkekse

Zutaten für 18 Stück

60 g Rosinen
1 Vanilleschote
150 g brauner Zucker
100 g Zuckerrübensirup
3 EL Rapsöl
280 g Pflaumenmus
2 Eiweiß (Größe M)
2 Eier (Größe M)
225 g kernige Haferflocken
150 g Haferkleie
240 g Weizenvollkornmehl
2 TL Backpulver

Rosinen etwa 20 Minuten in Wasser einweichen. Vanilleschote längs aufschneiden, Mark herausschaben.

Alle Zutaten (bis auf die Rosinen) in einer Rührschüssel verrühren. Die Rosinen trockentupfen und unterrühren.

(pro Stück ca. 240 kcal/1000 kj, E 6g, F 4g, KH 44 g)

Schokoladenkekse

Zutaten für 18 Stück

1 Vanilleschote
60 g Zartbitterschokolade
150 g brauner Zucker
100 g Zuckerrübensirup
3 EL Rapsöl
280 g Pflaumenmus
2 Eiweiß (Größe M)
2 Eier (Größe M)
225 g kernige Haferflocken
150 g Haferkleie
240 g Weizenvollkornmehl
2 TL Backpulver

Vanilleschote ausschaben, Schokolade klein hacken. Dann alle Zutaten miteinander vermengen.

(pro Stück ca. 250 kcal/1050 kj, E 6 g, F 5 g, KH 44 g)

Für jeden Keks einen gehäuften EL Teig auf ein mit Backpapier ausgelegtes Backblech geben und flach drücken (auf ein Backblech passen sechs Kekse).

Im vorgeheizten Backofen (E-Herd: 175 Grad/Umluft: 150 Grad/Gas Stufe 2) auf zweiter Schiene von oben etwa 20 Minuten backen.

Auch wenn das alles sehr massig klingt, müsst ihr bedenken, dass ein Keks das Frühstück ersetzt und sehr lange satt macht! Die Kekse haben ein Gewicht von etwa 100 g, sind handtellergroß und 1 cm hoch.

Das meint die Jury:

- Mir ist nicht klar, warum man diese Kekse essen sollte, wenn man stattdessen ein belegtes Brot mit magerer Wurst und einen

Apfel essen könnte, was in etwa gleich viel Kalorien hätte, aber wesentlich gesünder wäre. Zudem frage ich mich, wie lange das jemand durchhält, jeden Tag diese Kekse zum Frühstück zu essen.

- Ich halte es schon seit 14 Tagen aus. Diese Kekse sind so vollgepackt mit Ballaststoffen, dass man nach einem Keks satt ist, und zwar für eine ganze Weile. So einen Effekt habe ich bei einem belegten Brot nicht.

- Ein Keks als Frühstück? *totlach* Wenn ihr tagsüber arbeiten (auch und vor allem geistig) müsst, solltet ihr schon etwas mehr zu euch nehmen!

- Funktioniert aber auch nur, solange man das isst. Nach der Keksdiät wieder normal gefuttert und die Pfunde sind doppelt drauf.

- Mit dieser Methode und ein wenig Disziplin in anderthalb Wochen zwei Kilo weniger :-).

- Ich gehöre auch zu den Skeptikern und steh dazu, denn 1. genügen Sport und eine ausgewogene Ernährung ohne ständiges Dazwischengefutter und 2. sind das alles Zutaten, die erst nach längerer Zeit vom Körper abgebaut werden und Energie geben. Also für Studenten, die einen Keks vor der Klausur mampfen, völlig ungeeignet.

- Das wäre ja toll, wenn das klappt. Ich probiere es mal aus, aber isst man den ganzen Tag nur EINEN Keks? Oder schon noch was anderes? Hoffentlich!

- Nein, zum Frühstück EINEN Keks. Danach gibt es schon noch Mittag- und Abendessen.

- Die Kekse schmecken gut, ich hab sie heute gebacken.

- Eine Freundin von mir isst diese Kekse, und sie ist mittlerweile so »abhängig« von den Dingern, dass sie schon zu viel abgenommen hat. Zudem wirken die Kekse bei einigen auch extrem abführend.

- Heißt es nicht, man soll morgens wie ein König und abends wie ein Bettelmann essen? Wäre doch dann sinniger, den Keks zum Abendbrot und danach nix mehr zu essen … oder?

- Na, dann iss doch einfach ZWEI Kekse!

Kalorienbewusst genießen – gefrorene Früchte statt Speiseeis

Ihr wollt im Sommer nicht auf Eis verzichten, könnt aber die Kalorien nicht gebrauchen? Ich kaufe mir gefrorene ungesüßte Früchte (Himbeeren, Erdbeeren, Tropenfrucht-Mischung), gebe die Menge, die ich essen möchte, in eine Schüssel oder einen tiefen Teller und lass die Früchte kurz antauen. Dann streu ich Tafelsüße darüber (Grundstoff Aspartam) oder flüssigen Süßstoff.

Nicht dasselbe wie ein Eis, aber ein leckerer und gesunder Ersatz. Natürlich kann man sich auch frische Früchte klein schneiden und einfrieren. Nur leider kleben sie meistens aneinander, da sie nicht schockgefrostet werden.

Achtung, für die, die es nicht wissen sollten, übermäßiger Verzehr von Süßstoffen kann abführend wirken ;-).

Das meint die Jury:

- Ganz netter Tipp, aber Vorsicht mit dem Süßstoff. Der Körper »denkt«, er würde etwas Süßes bekommen und reagiert darauf. Da er aber keinen Zucker zur Verarbeitung erhält, wächst das Verlangen nach Süßem und kann dazu führen, dass man es früher oder später mit Schokolade und anderen Süßigkeiten stillt.

● Ich friere im Sommer gerne Weintrauben ein. Die schmecken als »Bonbons« sehr lecker, ganz ohne Süßstoff oder Zucker!

● Na ja, kalte Früchte mit Süßstoff sind nicht der Hit. Aber mit Milch und Joghurt gemixt kann man es schon als Eis-Ersatz nehmen!

● Am allerbesten schmecken kleine kernlose grüne Trauben. Die sind auch ohne Süßstoff süß genug und damit noch kalorienärmer. Einfach in den Gefrierschrank in einer Tüte einfrieren – vorher waschen natürlich – und man kann in den nächsten Wochen ohne schlechtes Gewissen auch mal zwei Handvoll schnabulieren. Superlecker für den Sommer!

● Ich mixe eine Banane mit einem Viertelliter Buttermilch, geb es in die Eismaschine – und fertig ist ein kalorienarmes Fruchteis.

● Wo kaufst du Bananen mit *wenig* Kalorien?

● Wird total lecker, wenn man die gefrorenen Früchte mit Joghurt, Buttermilch, Magerquark oder Magermilch mit dem Stabmixer mixt.

● Ich gefriere fettarmen Früchtejoghurt in so Eis-am-Stiel-Förmchen (etwa von Tupper) ein, schmeckt auch lecker.

● Verglichen mit den Mengen an Fett und Zucker, die in einem normalen fertigen Eis so herumschwimmen, würde ich den Kaloriengehalt einer Banane durchaus als gering bezeichnen :-).

● Die Früchte sind bestimmt gesund (wenn sie nicht irgendwelche Chemikalien enthalten), aber Aspartam oder Süßstoff? Bist du noch zu retten? Das nimmt doch heute kein gesundheitsbewusster Mensch mehr zu sich!

Mein Tipp: Biofrüchte (gefroren) oder selbst eingefrorener Fruchtsaft mit etwas (fettarmem) Joghurt, Banane und Honig oder Sirup in den Mixer, schön aufschlagen, und du hast ein superleckeres, cremiges, gesundes, kaltes Essvergnügen in der Schale. Man kann noch Nüsse zugeben (oder Sahne). Oder eben nur Fruchtsäfte in solchen Formen zum Lutschen einfrieren. Die sind oft schon von allein süß genug.

- Sahne?

- Mit Soja- oder Hafer-Sahne kann man ganz gute Ergebnisse erzielen, und das bei einem Viertel der Kalorien, und viel weniger Fett.

- Anders als viele glauben, helfen Süßstoffe nicht beim Abnehmen. Im Gegenteil: Der Süßstoff sorgt dafür, dass besonders viel Insulin ausgeschüttet wird. Und dieses Hormon gibt an den Körper den Befehl: Fett auf den Hüften bunkern! Süßstoffe haben sich deshalb schon seit Jahrzehnten als Hilfsmittel in der Tiermast bewährt. Außerdem sind die sonstigen gesundheitlichen Langzeitwirkungen der meisten Süßstoffe noch völlig unbekannt.

- Das Einfachste ist doch 'ne leckere gekühlte frische Melone! Kurz in den Kühlschrank, anschneiden, und da kann man dann ohne schlechtes Gewissen reinhauen. Ach, und früher bei meiner Oma gab es immer gefrorenes Beerenpüree – ohne Zucker, Sahne oder sonst irgendwas. Man nimmt reife Früchte, vor allem Himbeeren und Erdbeeren sind gut geeignet, püriert sie, friert sie ein und hat was leckeres Süßes zum Naschen – ganz ohne Zucker!

Tee gegen Schokohunger

Ich mache zur Zeit wieder mal eine Diät und habe mir jetzt Jogi-Tee mit Schokogeschmack gekauft. Schmeckt super nach Schokolade und hat null Kalorien, weil es ja Tee ist und kein Kakao!

Das meint die Jury:

- Hä, wie heißt der Tee bitte genau und wo gibt es den?

- Oh ja, der schmeckt phantastisch, superlecker, genial. Nur leider hilft das auch nicht gegen Schokohunger, wenn man ein Schokoholiker wie ich ist.

- Den Tee hab ich im Bioladen oder im Reformhaus gekauft. Den gibt es auch in vielen anderen leckeren Sorten.

- Hatte bisher nur Jogi-Tee klassisch, schmeckt mir immer sehr gut – mit Schokogeschmack hab ich noch nicht probiert. Woher kommt der Geschmack, da ist doch eigentlich nur Natürliches drin, also ohne Aromastoffe? Würde mich interessieren, ob auf der Packung was dazu steht.

- Ich habe den Jogi-Tee bei uns im Teeladen gekauft, es gab etwa acht Sorten in Beuteln oder auch frisch, das heißt 100 g für 4,50 Euro. Da man nur einen Teelöffel für einen Liter Wasser braucht, also nicht so sehr teuer und echt gut.

- Der Schokogeschmack kommt von den Kakaobohnen, die da drin sind. Aroma ist nicht dabei.

- Hallo, ich habe hier auch noch einen Tee, der super zum Thema passt: der »Glückstee«! Das ist ein Roibuschtee mit Vanille und viel Kakaoschalen. Schmeckt ziemlich herb nach Schoko (wenn man ihn ungesüßt trinkt) und stillt bestens den Schokohunger! Bei Yogi-Tea kann ich den »Black Chai« empfehlen: super leckerer Tee, mit 'nem Schuss Milch genossen …

- … und einem Stück Schwarzwälder Kirschtorte, lecker!

Cola-Light-Hähnchen

Ein Rezept, das sich absolut abartig anhört, aber total lecker schmeckt, ist ein Hit in den USA! Cola-Light-Hähnchen für vier Portionen.

Zutaten:
480 g Puten- oder Hähnchenfleisch (4 Scheiben)
240 ml Ketchup
330 ml Cola Light

Zubereitung: Cola mit Ketchup verrühren, in einen Topf geben, Fleisch einlegen. In zugedecktem Topf aufkochen lassen – auf kleiner Stufe 45 Minuten köcheln lassen –, dann Deckel abnehmen und weiter köcheln lassen, bis die Sauce andickt. Feddisch.
Tipp: Es ist egal, was man für Ketchup nimmt – ich nehme gerne Gewürzketchup, hab es aber auch schon mit Steaksoße und Chillisoße (super Resteverwertung *gg*) probiert.

Wer mag, kann auch noch Paprikastücke und Zwiebeln hinzugeben. Es ist auch sehr lecker, das Fleisch zu schnetzeln. Dazu passt am besten Reis, aber Kartoffeln und Nudeln kann man auch dazu machen.

Das meint die Jury:

- Okay, das hört sich wirklich abartig an. ;-)

- Na ja, vielleicht traut sich ja jemand ran an das Rezept und postet dann das Ergebnis. Ich bin allerdings nicht so mutig.

- Boar, das schmeckt doch babbesüß, oder? Und dazu das Fleisch? Also ich traue mich auch nicht ran. Vielleicht kannst du nochmal versuchen zu beschreiben, wie das Ganze dann schmeckt.

- Wieso Cola light? Um Zucker zu sparen? Dass Ketchup fast bloß aus Zucker besteht, ist doch hoffentlich bekannt, oder?

● Ich hab so ein Colaketchuphähnchenragoutzeug mal auf einer Party gegessen – war nicht übel.

● Keine schlechte Idee, wenn man mal keine Lust hat, stundenlang zu schnipseln und vorzubereiten. Warum sollte es nicht schmecken? Einen Versuch ist es wohl mal wert.

● Ich konnte auch nicht glauben, dass es schmecken kann, habe das Rezept aber gerade ausprobiert! Ist super!!! Habe noch eine Dose Mais dazugegeben und gewürzt.

● Habe das gestern ausprobiert. Schmeckt insgesamt viel zu sehr nach Ketchup. Und Ketchup mit Reis ist doch etwas langweilig. Der Effekt soll wohl süß-sauer sein (so hatte ich mir das jedenfalls vorgestellt). Eine süß-saure Fertigsoße schmeckt jedenfalls deutlich besser. Sorry. Ich kann's echt nicht weiterempfehlen.

● Ich war so mutig und habe es ausprobiert! Allerdings habe ich normale Cola genommen und zusätzlich noch eine scharfe Pepperoni mit reingetan. Und erstaunlicherweise schmeckt das tatsächlich!

● Also, ich kenn Hähnchen mit 'ner Marinade aus Ketchup und Honig – das schmeckt saulecker. (Die Marinade über die Hähnchen und alles in den Ofen) – von daher kann ich mir vorstellen, dass Ketchup mit was anderem Süßen auch schmeckt.

● … ich kenne den Tipp nicht aus Amerika, sondern aus China! (Da hat das Ganze doch gleich eine andere kulturelle Färbung.) Mit selbstgemachten chinesischen Klößen schwebt man mit dem Cola-Hühnchen im siebten Himmel.

Seit drei Tagen ernähre ich mich nur von Schlank-Keksen und Yogi-Tee, drei Kilo sind schon abgespeckt. Jetzt kann ich mir bald mal wieder was gönnen …

Noch nie was vom Jo-Jo-Effekt gehört? Du kannst jetzt nicht einfach wieder reinhauen wie früher!

Jo-Jo-Effekt? Doch, davon habe ich schon mal gehört. Erst nimmt man ab, und danach treibt man es nur um so doller, stimmt das?

Genau! Und das Schärfste ist: Das gilt nicht nur für das Abnehmen! Erstmals berichten führende Sparexperten hier in diesem Buch auch von einem Jo-Jo-Effekt beim Sparen!

... führende Sparexperten?

Jo-Jo-Effekt – auch beim Sparen?

Gerade beim Abnehmen kann es zu sehr unschönen Effekten kommen: Man speckt zehn Kilo in rasanten zwei Wochen ab. Dann ist das Ziel erreicht, man ist zufrieden, gönnt sich gelegentlich wieder was – und schon nach einem Monat hat man 15 Kilo zugenommen.

Der Mechanismus hierbei: Der Körper greift bei der Diät zunächst die Kohlenhydrat- und Eiweißreserven (Muskeln!) an, dann erst die Fettpölsterchen. Rein evolutionsmäßig eine schlaue Entscheidung. Muskeln benötigen deutlich mehr Energie als Fettgewebe. Damit wird der Körper heruntergefahren und quasi fit gemacht für die Hungersnot. Kehrt man zum normalen Essen zurück, baut der Körper zuerst die Fettreserven wieder auf. Auch das ist eigentlich ziemlich clever von der Evolution, denn der Speck ist im Moment noch wichtiger als die Muskeln. Na ja, das Endergebnis ist allerdings auch, dass man bei gleichen Essgewohnheiten wie vor der Diät mehr Fett ansetzt, da man durch das Hungern hauptsächlich

die Muskelmasse reduziert hat. Das ist der gefürchtete, aber hinlänglich bekannte Jo-Jo-Effekt.
Leider noch weitgehend unbekannt ist hingegen der Jo-Jo-Effekt beim Sparen, vor dem wir hier nur eindringlich warnen können. Typischer Verlauf: Nach vier Wochen konsequentem Einkauf in Billigläden kommt es zu einem Kaufrausch mit ausgeprägtem Markenfetischismus. Und zack hat man in drei Stunden die ganze gesparte Kohle und noch etwas mehr wieder auf den Kopf gehauen. Das erinnert an das Quartalssaufen bei alkoholabhängigen Menschen. Die Auswirkungen sind jedenfalls ähnlich: Ebbe im Geldbeutel, schaler Geschmack auf der Zunge und ein heftiger Konsumrauschkater.
Unsere Erklärung: Die Sparaktion greift oft nur bei den kurzfristigen Konsumwünschen (teures Essen, neue Klamotten, neue Playstation), weil die langfristigen Konsumwünsche (Haus, Auto, Weltreise) damit finanziert werden sollen.
– Doch hier liegt der erste Fehler. Es kommt wie bei der Geldanlage auf eine ausgewogene Mischung an. Man muss sowohl an den kurz- als auch an den langfristigen Zielen sparen, ohne es in einem der beiden Bereiche auf die Spitze zu treiben. Niemand hält es über einen längeren Zeitraum durch, ohne sich mal ein schönes Kleidungsstück oder eine gute Flasche Wein zu gönnen.
– Zweiter Punkt: Als blutiger Anfänger spart man oft am falschen Ende, was unvorhergesehene Folgekosten nach sich zieht (billiges Werkzeug etwa führt oft zu hohen Arztrechnungen und Verdienstausfall).
– Drittens: Oft will man zu viel in zu kurzer Zeit. Aber unrealistische Ziele frustrieren den Sparer und seine Partner (Kosten durch neues Porzellan oder Scheidung!). Das Ganze mündet in übersprungsmäßigen Anfällen von Kaufrausch, bei dem es nur vom Feinsten sein darf.

Jetzt aber mal abgesehen von diesem ganzen Diät- und Jo-Jo-Gequatsche. Habt ihr nicht mal ein paar Tipps, wie ich bei diesen elendig teueren Kosmetik-Artikeln sparen kann. Da lasse ich monatlich immer endlos Geld liegen …

Klaro, da wissen wir jede Menge geniale Tricks!

Gesichtsmaske – billig und ganz ohne Chemie

Für Gesichtsmasken kann man auch gut und günstig Quark (40 Prozent Fett) aus dem Kühlregal verwenden. Einfach auf das Gesicht auftragen und zehn bis 15 Minuten einwirken lassen. Danach abspülen. Super auch nach dem Sonnenbad oder der Sonnenbank zum Abkühlen. Zudem wird die Haut dadurch geschmeidiger, auch Make-up lässt sich danach besser auftragen.

Das meint die Jury:

- Olivenöl mit unterrühren, ergibt superglatte Haut!

- Habe es gestern probiert, und ist echt super. Werde ich jetzt jede Woche mal machen.

- Ich finde es manchmal einfach nur schade, dass manche Frauen die Gesichtsmaske wieder abnehmen. ;-)

- Autsch!

- Gurkenscheiben sind auch noch gut.

- Ich habe es nach dem Sonnenbaden genommen, und danach war meine ganze Haut rot!

- Weißt du auch eine Maske gegen Pickel?

- Versucht es mal mit Hefe. Einfach dickflüssig machen und auf das Gesicht damit. Macht die Haut weich wie ein Babypopo.

- Wenn du viele Pickel im Gesicht hast, hilft nur eine Zombiemaske!

- Viele Produkte eignen sich als Gesichtsmaske. Bananen, Quark, Honig, geriebene Petersilienwurzel, Gurken, Haferflocken (mit Wasser), Zitronensaft, Eigelb, saure Milch, Joghurt, Avocado, Olivenöl. Ich vermische diese Produkte (zwei bis vier Arten) nach Wunsch. Das alles spendet Mineralstoffe für die Haut.

- Quark, Joghurt und dergleichen als Behandlungsmethode bei Sonnenbrand – bitte nicht! Die Haut ist entzündet, in den Milchprodukten sind diverse Keime und Bakterien (das muss so sein – ist ja ein Naturprodukt!), und die können sich auf die ganze Entzündungsgeschichte sehr negativ auswirken. Schlimmstenfalls wird eine Behandlung mit Antibiotika notwendig.

- Döner. Ich sag nur, Döner macht schöner! Fünf Döner passieren und dick auftragen, eine Woche einwirken lassen. Das Ergebnis: Zwischen den Schimmelkulturen erkennt man die Pickel nicht mehr.

Zinkpaste gegen Pickel

Ich befolgte den Tipp einer Freundin und benutzte Zinkcreme gegen meine Akne. Da mein Gesicht aber nur fettiger davon wurde und meine Pickel nur mäßig langsamer abheilten, habe ich meinen Arzt um Rat gebeten. Dieser empfahl mir, Paste statt Creme zu nehmen.

Zinkpaste ist deshalb besser als Creme, weil das Zink hochkonzentriert ist und somit nicht fettet. Es erinnert von der Konsistenz an Zahnpasta. Dünn aufgetragen kann man es sogar auch unter Make-up verwenden. Einfach auf die betroffene Stelle verteilen und über

Nacht einwirken lassen. Nebenwirkungen sind nicht bekannt! Allerdings solltet ihr es schon mindestens eine Woche anwenden. Erste Resultate zeigen sich meistens sehr schnell!

Das meint die Jury:

- Gegen richtig dicke Pickel nehme ich die Ichtholan 10 %. Ein bis zwei Tage drauf, und der Pickel ist weg!

- Wenn ich Pickel habe, hilft Zinkpaste wirklich super, um sie auszutrocknen und die Wundheilung zu beschleunigen. Benutze es schon seit über einem Jahr meist recht erfolgreich. Über Nacht einwirken lassen und am nächsten Tag sieht der Pickel schon gleich weniger schlimm aus.

- Zahnpasta hilft bei mir auch.

- Wie gut, dass sich gerade heute ein Pickel bei mir angemeldet hat.

Peeling aus Zucker und Sahne – hmm, lecker!

Sehr gut für trockene Haut geeignet, pflegt und verfeinert das Hautbild. Und das Beste: Ihr riecht supergut!

So geht es: Eine halbe Tasse Zucker in einen Becher geben und kalte flüssige Sahne dazugeben. Nach dem Duschen Körper und Gesicht sanft mit dem Zucker-Sahne-Brei einreiben und lauwarm abduschen. Das Eincremen danach könnt ihr euch sparen.

Das meint die Jury:

- Man kann anstatt Sahne Olivenöl oder Babyöl benutzen. Salz finde ich persönlich besser als Zucker. Ich benutze immer das grobe Meersalz.

• Zucker ist nicht gut für die Haut, weil die Kristalle scharfe Kanten haben. Salzkristalle hingegen sind runder. Wenn man genau hinguckt, kann man das sogar mit bloßem Auge sehen.

• Salz, Zucker – taugt beides nix. Das Beste ist, wenn ihr unter die Sahne Honig mischt. Der ist weder rund noch eckig, sondern flüssig! Schon die alten Ägypter wussten, dass Honig die Haut weich macht.

• Aber was soll da peelen?

Zwiebeln und Essig gegen Dornwarzen

Um Dornwarzen unter dem Fuß in der Hornhaut loszuwerden, ein einfacher Tipp: Eine Zwiebel in kleine Stücke schneiden und 24 Stunden in einem verschließbaren Gefäß in Essig einlegen. Dann jeden Abend vor dem Einschlafen ein passendes Stück Zwiebel auf die Warze legen und mit einem Pflaster festkleben. Am nächsten Morgen abnehmen. So lange wiederholen, bis die Warze abfällt.

Das meint die Jury:

• FUNKTIONIERT!

• Nicht schlecht. Nur wer tiefe Dornwarzen hat, sollte ein sehr kleines Stück Zwiebel nehmen, gerade wenn die Warze am Zeh ist, weil es sehr aufquillt (kann wehtun). Würde es aber immer wieder benutzen, echt super!

• Ich hatte auch mehrere Warzen an meinen Händen und wurde sie los, als ich es mal mit Glyzerin und Rasierwasser im Urlaub versuchte: Mit Glyzerin die Haut weich machen und dann Rasierwasser drauf. Nach etwa einer Woche waren sie weg!

- Ich habe über zwei Jahre versucht Warzen loszuwerden: Tinktur, Vereisen, Herausbrennen, Herausschneiden – ohne Erfolg. Geholfen hat mir folgende Rosskur für die Nase jedes Mitmenschen: Jeden Tag eine Knoblauchzehe pressen, auf ein Pflaster geben und möglichst direkt auf die Warze kleben.

- Und das Bett riecht am nächsten Morgen wie 'ne Dönerbude.

- Es hilft wirklich. Habe jetzt nach knapp einer Woche meine Dornwarze am Zeh herausbekommen. Hatte schon sämtliche anderen Mittel versucht. Ein ganz toller Tipp – große Klasse!

- Zwischenbericht, seit Beginn der Behandlung vor sieben Tagen: Meine Dornwarze an der Fußsohle ist zwar noch nicht verschwunden, aber verursacht keine Schmerzen mehr beim Gehen und Auftreten :). Wer weiß, wie unangenehm diese Dinger sein können, wird bereits das schon als großen Erfolg werten! Ich mache mit Sicherheit mit dieser Behandlung noch weiter, denn ich denke, die Warze wird noch »herauswachsen«. Wichtig wohl, dass man konsequent und geduldig bei der Behandlung bleibt.

- Ich habe schon sehr lange damit zu tun und bin schon zweimal am Fuß geschnitten worden! Es hatte überhaupt nichts gebracht! Nun probiere ich es seit zwei Monaten aus! Ich bin unheimlich froh, denn ich kann wieder ohne Schmerzen laufen! Eine von dreien ist mittlerweile herausgefallen! Super Sache! :-)

- Man kann den Teilen auch mit gewöhnlicher Tafelkreide zu Leibe rücken. Ordentlich einreiben, Pflaster drauf, am besten abends. Dauert eine Weile, aber sie trocknen aus, und der Rest fällt dann ab.

- Also, ich habe diesen Tipp ebenfalls ausprobiert und kann nur berichten, dass ich schreckliche Schmerzen hatte und wirklich gar nicht mehr auftreten konnte.

Jedenfalls habe ich es mal mit Bananenschale ausprobiert (klingt wirklich blöd, aber was tut man nicht alles?!), und es hat tatsächlich (ohne Schmerzen) funktioniert! Hatte selber zehn Jahre lang zwei große Dornwarzen und bin so unsagbar glücklich, dass ich sie los bin!

- Glaube versetzt Warzen!

Herpes – die Kombi macht es!

Um einen Herpesausbruch zeitlich zu verkürzen, empfahl mein Hausarzt mir folgende Vorgehensweise: Wenn mal wirklich wieder üble Bläschen da sind: vorsichtig (!) mit einer sauberen (!) Nadel aufstechen, die austretende Flüssigkeit mit einem Taschentuch aufsaugen. Vorsicht: In der Flüssigkeit befindet sich der Erreger, also Ansteckungsgefahr! Hände waschen!

Nach dem Aufstechen die Lippe erst mal an der Luft oder mit Hilfe eines Föhns trocknen lassen. Der Vorteil vom Föhn: Die Hitze zerstört die in der Flüssigkeit enthaltenen Eiweiße und somit auch einen Teil des Erregers. (Nicht jeder kann das mit dem Föhn aushalten, und es wirkt auch nicht bei jedem. Auf jeden Fall den Rest der Lippe mit einer fetthaltigen Creme schützen!)

Nach dem Trocknen Herpescreme (z. B. Zovirax) auftragen. Aber: Die Creme wirkt nur auf die in den Bläschen vorhandenen Erreger. Sobald diese ausgetrocknet sind und anfangen zu verheilen, hat die Creme keinen Sinn mehr! Dann besser auf Teebaumöl oder eine Mischung aus Teebaumöl und Vaseline umsteigen. Desinfiziert, und durch die Vaseline bleibt die neue Haut viel geschmeidiger und platzt nicht so schnell auf, wenn man etwa mal herzhaft lacht.

Zwischendurch immer mal wieder die betroffene Stelle vorsichtig mit einem Taschentuch abtupfen und so sich lösende Verkrustungen und Cremereste abnehmen (zugegeben, ich nehme da auch manchmal die Nadel zur Hilfe).

So, wer weiß, vielleicht hilft es bei euch ja auch! Bei mir hat sich zumindest der Verlauf etwas beschleunigt, und vor allem fängt der Heilprozess so schneller an (also ist auch die Ansteckungsgefahr weniger groß). Ich habe gerade eine Mega-Attacke hinter mir, sah fünf Tage aus wie verprügelt und von Wespen zerstochen. Sehr charmant! ;-)

Das meint die Jury:

- Herpesbläschen unbedingt aufstechen, wenn man den Virus überall verteilen will … fragt doch bitte immer euren Hautarzt, bevor ihr solche »Methoden« ausprobiert.

- Ich steche die Herpesbläschen auch immer mit einer sterilen (!) Nadel auf und habe noch nie an anderen Stellen neue Herpesausbrüche bekommen, aber die Herpesanfälle verkürzen sich dadurch tatsächlich um ein paar Tage!

- Ich habe ganz schlechte Erfahrung mit dem Eincremen des Herpes mit Feuchtigkeitscreme gemacht. Danach ging es bei mir erst los, und zwar so richtig schlimm.

- Um Ansteckungen zu vermeiden, trage ich nach dem Aufstechen jegliche Art von Creme nur noch mit Wattestäbchen auf, bis die Wunde komplett geschlossen ist – da suppt nichts durchs Taschentuch, und man gewöhnt sich das Anfassen etwa zum nochmaligen Verteilen der Creme leichter ab.

- Zur Vorbeugung: Oft machen sich die Bläschen schon zwei bis drei Tage vor ihrem Erscheinen mit Juckreiz, Spannungsgefühl oder Schmerzen bemerkbar, dann schnell handeln. Viele schwören auf Zahnpasta. Einfach auftragen und bis zu zwei Stunden wirken lassen. Auch austrocknende Auflagen mit Heilerde (Apotheke) können wirksam sein.

- Herpesbläschen regelmäßig mit Teebaumöl einreiben oder Melissenöl auf die Bläschen tupfen.

Handwaschschaum selbst gemacht

Wenn ihr (oder eure Kinder) gerne diesen neumodischen, aber »sauteuren« Handwaschschaum benutzt, könnt ihr viel Geld sparen. Ihr braucht natürlich als Erstes eine Originalpackung, daran geht kein Weg vorbei, denn im Spender ist eine Düse, die die Seifenflüssigkeit schaumig macht! Ist diese Packung aufgebraucht, schraubt ihr sie auf, gebt ein paar Spritzer eures Lieblingsduschgels hinein, füllt mit Wasser auf – und schon habt ihr wieder für lange Zeit den Handwaschschaum!

Das meint die Jury:

- Muss ich unbedingt mal ausprobieren. Mein Mann kann nämlich viele Gerüche in Handseifen nicht ab.

- Ich habe den Tipp ausprobiert. Leider funktionierte es bei mir gar nicht. Als Originalprodukt hatte ich einen Kinderschaum von Palmolive. Die Konsistenz dieses Produkts ist viel flüssiger als normale Flüssigseife. Schade, wäre schon toll gewesen, da der Schaum doch ziemlich teuer ist.

- Du musst es verdünnen. Steht doch auch im Tipp, »verdünntes Duschgel«. Hat sogar noch einen zusätzlichen Spareffekt! Doll!

Apropos Duschgel: Wisst ihr eigentlich, wie ich meine Herzdame dazu bekomme, nicht mehr stundenlang die Dusche zu blockieren? Gerade im Winter lässt sie kübelweise heißes Wasser raus. Was das kostet!

Ingo, du bist aber auch herzlos. Mir ist halt einfach kalt! Das dauert dann, bis ich endlich mal wieder aufgewärmt bin.

Heiß duschen ist ja gerade in der kalten Jahreszeit ein unumstößliches Menschenrecht, das finden wir auch. Aber trotzdem kann man dabei auch sparen, wie der nachfolgende Tipp zeigt.

Energie sparen beim Duschen

Habt ihr einen Durchlauferhitzer? Dann achtet unbedingt darauf, diesen Fehler zu vermeiden: Bei allen Durchlauferhitzern kann man die zu erzielende Wassertemperatur einstellen (bei manchen genau mit Digitalanzeige, bei manchen ungenau mit Drehschaltern). Dabei ist generell folgende Regel zu beachten: Je mehr kaltes Wasser ich noch zumischen muss (zum Beispiel bei einhebeliger Mischung: Hebel nicht ganz auf ›warm‹; bei Mischung mit zwei »Rädchen«: Kalträdchen muss noch weit aufgedreht werden), desto mehr Energie verschwende ich, da ich erst das Wasser aufheize, um es anschließend mit kaltem Wasser wieder auf angenehme Temperatur zu bringen.

Zieltemperatur so einstellen, dass mit dem Kalträdchen nur noch leicht nachkorrigiert werden muss. Besonders im Sommer sollte man die Einstellung nochmal prüfen!

Das meint die Jury:

- Da haste voll recht! Ich kann leider nur zwischen Eins-Punkt und Zwei-Punkt wählen ;-). Aber im Sommer reicht wirklich Eins-Punkt! Abkühlung muss sein!

- Ich fass es nicht. Ich kann bei mir die Temperatur sogar gradgenau einstellen. Trotzdem hab ich es, vor allem im Sommer, meistens heißer eingestellt als ich es brauche und mische noch kaltes dazu. Warum komme ich nicht auf so was Einfaches? Ab sofort wird vernünftig geduscht. :)

- Problem dabei (zumindest bei mir): Der Wasserdurchlauf durch den Erhitzer ist deutlich geringer als das Kaltwasser. Das heißt, ich hab weniger »Druck« und dusche somit länger. Leider vorerst keine Lösung für mich.

● Du hast recht, der Druck ist geringer, aber länger duschen tu ich deshalb eigentlich nicht.

● Ähm, wenn das Wasser heißer gemacht wird, lässt sich damit eine größere Menge kaltes Wasser mit der gleichen Menge Heißwasser aufwärmen, kommt das da nicht auf das Gleiche raus?

Also so: Wasser nur warm: Das gesamte Duschwasser muss erwärmt werden. Wasser heiß: Muss mit kaltem Wasser angepasst werden, dafür wird nur die Hälfte des Wasser erhitzt …?

● Na ja, ganz so einfach ist die Rechnung nicht: Wenn man ein wenig sehr heißes Wasser aus dem Hahn lässt, wird bei einem Durchlauferhitzer ja trotzdem das gesamte Wasser im Boiler erhitzt. Dieser Effekt wird besser ausgenutzt, wenn man mehr Wasser »zapft«.

Wie wild weiterklicken …

… aknewelt.de
… fettrechner.de
… fitforfun.de

Sparen @ Freizeit

Kathrin: Also neulich dachte ich, ich seh nicht richtig. Der Ingo ließ am Samstagnachmittag seine Verabredung mit den Jungs zum rituellen Bundesliga-Viewing sausen, um seinem Vater bei der Gartenarbeit zu helfen! Danach war er abends zwar kurz vor dem Erschöpfungstod und geplagt von krassen Kreuzschmerzen – aber so zufrieden wie seit Langem nicht mehr. Und jetzt liegt er mir seit etwa zwei Wochen ständig in den Ohren, dass wir uns doch eine kleine Schrebergarten-Parzelle pachten sollten. Schrebergarten! Das ist doch was für Rentner mit Wackeldackel und Häkel-Klorolle auf der Hutablage ihres Mercedes!

Muttis: Na ja, wir sehen das schon ganz ähnlich wie dein Mann. Der eigene Garten ist halt doch was Feines! Und du glaubst es nicht: Der eigene Kleingarten wird sogar zum Trend, weshalb man inzwischen sogar als junger Mensch zu seiner Leidenschaft stehen kann.

Das Comeback der Schrebergärten – Urban Gardening

Ja, unglaublich, aber wahr! Was noch vor wenigen Jahren als Inbegriff des Spießertums galt, ist heute cool: der Schrebergarten. Die Datscha. Oder aktuell: *Urban Gardening*.
Wir geben gerne zu, dass wir schon immer heimliche Anhänger dieser besonderen Lebensform waren. Denn: Wo sonst lässt es sich so entspannt grillen und feiern wie auf der kleinen Parzelle mit dem schnuckeligen Gartenhäuschen!

Jedenfalls schießen auch in deutschen Großstädten die interkulturellen, ökologischen, biodynamischen oder anthroposophischen Kleingärtnervereine wie Pilze aus dem Boden. Und Überraschung: Diesmal kommt der Trend nicht aus den USA, sondern aus England, wo das Ganze etwas härter *Guerrila Gardening* heißt, und das heimliche Aussäen und Pflanzen von Stecklingen umfasst – als subtiles und gewaltfreies politisches Statement. Aber unter dem Begriff *Community Gardens* eben auch den Kleingarten als Möglichkeit des Austauschs, des Rückzuges, des Chillens und der gemeinsamen Einnahme berauschender Substanzen wie Bier und Bratwürste.
Und hier ist eine Kurzanleitung für's *Urban Gardening*:
1. Halte Ausschau nach einem verwahrlosten Stück Land, vorzugsweise in der eigenen Nachbarschaft. In Großstädten eignen sich besonders gut Baumscheiben, Brachflächen und ungenutzte Pflanzkübel.
2. Entscheide, was du anpflanzen möchtest und ob deine Wahl Sinn macht. Zähe Gewächse und schnell wachsende Blumen machen am Anfang oft mehr Sinn als empfindliche Pflanzen.
3. Mit anderen macht es mehr Spaß – also finde Verbündete! Sprich mit Freunden und Nachbarn!
4. Lege nun deinen Garten an. Eventuell brauchst du noch ein bisschen Blumenerde. Und auf jeden Fall nach dem Einpflanzen angießen!
5. Manchmal macht es Sinn, sein Gärtchen gegen die Widrigkeiten des Stadtlebens zu schützen, etwa mit einem kleinen Zaun gegen Hunde oder Füße.
6. Pflege dein Gärtchen mit Liebe! Geh regelmäßig hin!
7. Wenn mal was anders läuft als gewünscht, lass dich nicht entmutigen! Sprich mit anderen Anwohnern! Die meisten werden deine Aktion toll finden und dich mindestens moralisch unterstützen. Und manche machen vielleicht gleich mit!

Mehr Infos gibt's auf den Homepages:
www.urbanacker.net
www.gruenewelle.org

Genau, *Urban Gardening* ist sehr lässig. Auch wenn ich rein gärtnermäßig noch nicht so ganz der Vollprofi bin. Zumindest wenn ich mir so meine bescheidenen Zuchtversuche bei Zimmerpflanzen anschaue. Na, aber man lernt ja nie aus, oder?

Genau! Und deshalb beginnen wir gleich mit der ersten Lektion, und diese ist eine der wichtigsten im Gärtnerleben. Wir vermeiden hier bewusst das böse Wort »Unkraut«, um die zarten Seelen unserer Leser nicht zu erschrecken. Aber in unseren Tipps wird natürlich wieder Klartext geredet.

Unkraut vernichten ohne giftige Stoffe

Einfach Wasser kochen (ich nehme immer den Wasserkocher), danach ein halbes Päckchen Salz dazurühren und dann über das Unkraut geben. Es wirkt natürlich nicht sofort, je nach Größe und Art des Unkrautes dauert es unterschiedlich lange – aber es wirkt!

Das meint die Jury:

- Mit Salz kann man alles pflanzliche Leben vernichten!

- Deswegen haben wir auch in Salzwüsten das blühende Leben.

- Ich schließe mich meinem Vorredner an: Das vernichtet leider auch alles andere Leben.

● Okay, aber da, wo definitiv nichts leben soll, wie etwa auf Steintreppen, ist das ein guter Tipp.

● Ich fege regelmäßig Salz in die Fugen meiner Garageneinfahrt, und sie ist immer grünzeugfrei. Mit Essig klappt es auch, das Unkraut wird welk und lässt sich mit einem harten Besen wegfegen.

● Ein Abflammgerät tut es auch.

● Unkraut in Fugen und Ritzen wird durch eine Flasche Essigessenz auf eine 1,5-Liter-Flasche Cola dauerhaft entfernt.

● Dadurch werden aber auch nützliche Insekten getötet!

● Ich brauche keine Insekten in den Fugen direkt vor meiner Haustüre (auch keine nützlichen!).

● … frei nach dem Motto: »Mein Auto fährt auch ohne Wald!«

● Typisch deutsch! Alles Grüne vernichten. Am besten die Rasenfläche zubetonieren und grün anstreichen.

● Funktioniert das auch mit Nachbars Tanne – die wirft immer so einen hässlichen Schatten?

● Gieße sie ein bisschen mit Salzsäure, das funktioniert garantiert.

● Unauffälliger ist es, im Winter den Schnee mit Tausalz anzureichern und an der Tanne »abzulagern« – spätestens im Frühling gibt es schöne braune Blätter. :-)

● Pfui!

● Was ist denn mit euch los? Nur weil jemand etwas Salz in seine Terrassenfugen schüttet, geht die Welt doch nicht daran zugrunde.

• Schon mal was von Bodenversalzung gehört? Da kannste lieber direkt das kochende Wasser nehmen und die Pflanzen abbrühen, das ist schonender.

• Bei feuchtem Wetter auf die Knie und das Unkraut rausziehen, regelmäßig!! Bewegung tut gut.

• Ist das ernst gemeint mit der Essigessenz und der Cola?

• Klar ist das ernst gemeint! Und es klappt – sehr zum Missfallen der hiesigen Insektenliebhaber.

• Moderne Herbizide sind gut abbaubar, das heißt, nach kurzer Zeit (nachdem sie ihre pflanzenschädigende Wirkung entfaltet haben), sollten sie durch Bakterien vollständig in ihre Elemente zerlegt sein. Aus organischen Verbindungen ist dann CO_2, H_2O (Wasser) und, wenn es sich um eine chlororganische Verbindung gehandelt hat, HCl beziehungsweise NaCl entstanden: alles in den typischen Anwendungskonzentrationen ungiftig und unschädlich. NaCl (Salz) hingegen ist in den Konzentrationen, wie oben erwähnt, angewendet, sehr schädlich für alles Leben im Boden (Bakterien, Insekten, Würmer, Pflanzen) und kann sogar für nahe Bäume zum Problem werden. Ich finde den Tipp nicht gut und würde ihn nicht empfehlen.

PS: Ich habe auch ziemliche Mühe mit dem Begriff »Unkraut«, und ich finde wenig so hässlich wie eine unkrautfreie Garageneinfahrt aus Betonpflastersteinen. Aber wenn es denn sein muss, dann bitte mit einem modernen Herbizid, nicht mit übermäßig dosiertem Salz.

• Es geht nicht darum, dass die Welt untergeht, wenn es einer macht, sondern eher darum, was passiert, wenn es viele machen. (Schließlich geben wir uns hier gegenseitig Tipps, um sie zu befolgen, oder?!)

● Ich habe es auch schon mal mit Salz probiert. Bei über 200 Meter gepflasterte Fläche, wo das Grünzeug sogar die Steine hochhebt, war das meine letzte Hoffnung. Nach zwei Wochen war das Unkraut vom Pflaster weg, und den Beeten hat es nicht geschadet.

So ihr Umweltschützer: Meine einmalige Aktion hat der Umwelt so geschadet, dass nach drei Monaten alles wieder genauso zugewuchert war wie eh und je.

Und somit krabbele ich weiter auf allen vieren über die Steine und mach den Buckel krumm.

Für dich, lieber Ingo, kommt natürlich nur Unkrautjäten in Frage. Dann sparst du dir gleich das Fitnesscenter. Und wenn dir danach der Rücken schmerzt …

Billiges ABC-Pflaster aus der eigenen Küche

Gerade bei der Gartenarbeit wird der Rücken oft geschunden. Da liegt der Griff zu teuren Wärmepflastern aus der Apotheke nah. Aber: Das Geld kann man sich mit zwei einfachen Griffen in den Küchenschrank sparen. Und zwar zum Cayennepfeffer und zum Öl. So geht's: Man braucht ein Leinentuch, 30 g Cayennepfeffer und 40 ml Speiseöl. Vermischt den Pfeffer und das Öl. Nun auf die schmerzende Stelle am Rücken auftragen und dann einfach das Leinentuch drüber. Brennt zwar etwas (wie gekaufte Rückenpflaster auch), hat aber einen klasse Wärmeeffekt.

Das meint die Jury:

● Schon mal was von einer Wärmflasche gehört?

● Eine Wärmflasche wird zu schnell kalt! Diese Pfeffer-Öl-Mischung ist wirklich hilfreich. Sehr gut hilft auch Tigerbalsam.

• Außerdem regt die Wärmflasche die Durchblutung nicht so gut an.

• Es funktioniert!

• Ja, klappt. Aber wenn ich das dreimal gemacht habe, kann ich die Haut abziehen.

• Vorsicht: Nicht zu viel Pfeffer verwenden. Das kann zu Verbrennungen führen.

• Diesen Tipp sollte man zuerst in der Armbeuge ausprobieren. Manche Patienten bekommen Ausschlag vom Cayennepfeffer.

Aber nicht nur mit der Flora wirst du deinen Schaff haben, auch die Fauna bietet so einiges.

Vögel von Obstbäumen verscheuchen

Wirksamer als der berühmte Hering im Kirschbaum verscheuchen Glasstücke die Vögel, wenn sie so zusammengebunden werden, dass sie schon bei der geringsten Luftbewegung klirren und blinken. Am besten taugen Anhänger eines Mobiles.

Das meint die Jury:

• Tipp liest sich gut, ist aber bestimmt nervig … ewiges Gebimmel im Kirschbaum, mich würde es stören.

• Ich halte das eher für romantisch, so wie Windspiele.

• Statt Glasscherben sollen auch CDs wirksam sein – in Zeiten der Flut kostenloser Scheiben sehr leicht zu beschaffen und lautlos.

● Um Elstern aus dem Garten zu verscheuchen, die oft die Eier aus den Nestern unserer Singvögel fressen, folgender Tipp: Man hänge eine glänzende Christbaumkugel (oder diese Deko-Kugeln auf einem Stock) an einem Ort im Garten auf, von wo die Kugel aus jedem Winkel des Gartens gesehen werden kann. Eventuell mit Sekundenkleber wasserdicht machen. Die Elster fühlt sich »verfolgt« und bleibt weg.

● Ich denke, Elstern mögen alles, was blinkt und glänzt? Werden sie dadurch nicht erst recht angezogen?

● Das mit den CDs habe ich mal ausprobiert. Das Resultat war beeindruckend. Die gesamte Vogelschar saß bald in nächster Nähe und bestaunte neugierig die witzigen Dinger.

● Vögel gewöhnen sich an alles. Fragt mal die Weinbauern, die die Stare verscheuchen wollen. Sogar mit zeitlichem Zufallsgenerator abgeschossene Schreckschussanlagen schaffen keine Abhilfe. Mein nicht ganz ernst gemeinter Tipp: Hängt mehrere lebende Katzen in den Baum!

● Oder stellt eine 90-jährige Oma mitten in den Garten. Es hilft, glaubt es mir, meine Oma steht da seit Tagen.

Kaninchen im Garten verscheuchen

Wenn man wilde Kaninchen in seinem Garten hat, die einem den selbstgezogenen Salat anfressen, muss man einfach einen ausrangierten alten Schuh ins Beet stellen. Die Kaninchen wittern dann den menschlichen Geruch und flüchten! Wollte es nicht glauben, klappt aber super!

Das meint die Jury:

- Wenn das klappt, ist der Tipp echt super.
- Klappt noch besser mit Stinkesocken oder mit einer Unterhose!
- Die armen Kaninchen. Wollt ihr sie vergiften?
- Yepp!

Das wird mir jetzt zu esoterisch. Ich will ja kein Farmer werden. Aber lasst mich auch mal einen Tipp beisteuern. Der ist nicht so ganz ernst gemeint, macht aber dafür umso mehr Spaß!

Cola-Mentos-Riesenfontäne im Garten

Das braucht ihr:
- eine große und volle Flasche Cola
- eine Rolle Mentos
- eine leere Smarties-Rolle
- einen Führerschein

So funktioniert die Cola-Mentos-Smarties-Fontäne:
1. Cola-Flasche aufmachen.
2. Führerschein auf die Öffnung legen.
3. Mentos in die Smarties-Rolle füllen.
4. Smarties-Rolle mit der offenen Seite auf die vom Führerschein geschützte Flaschenöffnung stülpen.
5. Führerschein wegziehen.
6. Mentos alle reinplumpsen lassen.
7. RENNEN!

(8. Alle Klamotten in die Waschmaschine.)

Bitte nur draußen und mit abwaschbaren Klamotten nachmachen.
UND GANZ WICHTIG: DIESES EXPERIMENT NUR GENAU SO DURCHFÜHREN. AUF KEINEN FALL DIE FLASCHE WIEDER VERSCHLIESSEN, NACHDEM DIE MENTOS REINGEWORFEN WURDEN! DIE FLASCHE KANN EXPLODIEREN UND DICH UND ANDERE SCHWER VERLETZEN!

Das meint die Jury:

- Cool! Gute Alternative zu Salpeter und Zucker.

- Kann mir bitte jemand den Sinn der Fontäne erklären? Stehe irgendwie auf dem Schlauch.

- Könnt ihr euch auch im Netz anschauen: www.wimp.com/mentos/

- Geht das auch mit Mineralwasser mit Kohlensäure (weniger klebrig)? Oder hängt das eher mit den Zutaten in der Cola zusammen?

- Was passiert denn, wenn ich jetzt ein Mentos im Mund hab und Cola trinke? Hat das dann ähnliche Auswirkungen? Weil dann müsste man ja fast schon eine Warnung auf Cola und Mentos anbringen. ;-)

- Das nenne ich Verführung von Kindern zu gefährlichem Unfug! DIE FLASCHE KANN EXPLODIEREN UND DICH UND ANDERE SCHWER VERLETZEN!

- Explodieren? Wenn sie geschlossen ist, vielleicht. Aber dann bekommt man ja die Mentos nicht hinein.

● … by the way … du solltest hinzufügen, dass es sich um die neuen Plastikführerscheine handelt.

● Oooooooh, dann kann ich das ja gar nicht machen. :-(

● Wieso muss es ein Führerschein sein?

● Das muss ein Führerschein sein, damit Kinder diesen Unsinn nicht mitmachen können …

Na, jetzt reicht's mit den ganzen Gartentipps. Ist mir sowieso nicht joker, die ganze Sache. Ich will ja nicht immer in der Laube rumsitzen. Neulich hat mein Onkel aus seiner Jugend erzählt. Der ist mit 16 zu Hause ausgebüchst und danach auf irgendwelchen Frachtschiffen um die halbe Welt geschippert. Ohne einen Pfennig Geld. Wir haben uns danach gefragt, ob das wohl heutzutage immer noch geht.

Reisen im Frachtschiff und auf Segeljachten – »Hand gegen Koje«

Tja, das waren früher noch Zeiten. Da konnte man in einen Hafen latschen, sich einen Frachter suchen und dort anheuern nach irgendwo. »Hand gegen Koje«, hieß das. Alles, was man brauchte, war ein Schifffahrtsbuch.

Heute ist es zwar immer noch möglich, in einem Frachter über die Weltmeere zu schippern. Doch ganz umsonst – oder eben nur gegen Arbeit – geht das nicht mehr. Der Grund: Die Waren werden heute vorwiegend in Containern verschifft, da werden deutlich weniger Hände gebraucht. Zusätzlich sind

die Sicherheitsvorkehrungen verschärft worden. Das erhöht den Verwaltungsaufwand für die Schiffskapitäne. Irgendwo als »Deckhand« anzuheuern, um Wochen später in Südamerika an Land zu gehen, mit nichts als ein paar Euro in der Tasche, geht also nicht mehr.

Trotzdem ist das Reisen auf Frachtern ein vergleichsweise günstiger Trip, sozusagen eine Low-Cost-Kreuzfahrt. Oft wohnt man in der Eignerkabine, die durchaus geräumig und komfortabel eingerichtet ist, nimmt die Mahlzeiten mit den Offizieren und dem Kapitän ein – und hat ansonsten jede Menge Zeit zum Lesen, Ausspannen und Träumen. An Bord gibt es oft Sauna, Krafttrainingsraum und Schwimmbad. Und Reiseziele finden sich eben auf allen sieben Weltmeeren.

Nur beim Segeln ist »Hand gegen Koje« noch ein gängiger Brauch. Dort begleitet man meist reiche Menschen auf ihren oftmals luxuriösen Jachten bei ihren Trips. Hier ist allerdings fast immer Segelerfahrung gefragt – und zwar nicht nur die auf dem heimischen Baggersee. Wer die jedoch hat, kann sich in einschlägigen Häfen wie Gibraltar oder Palma de Mallorca umtun und nach einem »Lift« suchen. Zumeist wird hier nur ein Beitrag zur Bordkasse gefordert. Der Rest besteht aus mehr oder weniger harter Arbeit auf und unter Deck.

P. S.: Selbstverständlich ist es eine Sache des gesunden Menschenverstandes, mit wem man sich auf einen Segeltörn begibt.

Okay, meine Segelerfahrung beschränkt sich sogar nur auf die heimische Badewanne! Aber so eine Frachterkreuzfahrt klingt doch ganz spannend. Bräuchte man halt richtig Zeit für. Und Geld! Na ja, den Flug könnten wir uns inzwischen schon leisten. Aber aus dem ganz fetten Trip mit Mietwohnmobil, Heli-Skiing, Tauchkurs, Bunjee-Jumping und dem ganzen anderen Schnickschnack, den Ingo so gerne machen würde, wird wohl nichts.

Ja, und ich wollte wenigstens etwas für die körperliche Fitness unternehmen. Aber du möchtest ja hauptsächlich Fünf-Sterne-Hotels testen und Extrem-Shopping machen!

Kinder, Kinder, keinen Krach in der jungen Ehe! Das ist ganz schlecht fürs Karma! Macht lieber unseren kleinen Test zum Thema »Reif für die Insel? Wie dringend brauche ich Urlaub?«

Reif für die Insel? Wie dringend brauche ich Urlaub?

Vervollständige die folgenden Sätze und zähle anschließend deine Punkte zusammen:

1. *Montagmorgen, der Wecker klingelt wie immer um 6.15 Uhr. Du …*
… stehst freudig auf, pfeifst ein Liedchen unter der Dusche und bereitest dir in aller Ruhe ein ausgewogenes Frühstück. (0 Punkte)
… strapazierst die Snooze-Taste, wälzt dich auf den letzten Drücker aus dem Bett, kippst fahrig einen Becher Kaffee, bevor du aus dem Haus hetzt. (5 Punkte)
… versetzt dem elenden Scheißding einen rechten Haken, schickst einen tödlichen Handkantenschlag hinterher und fällst sofort wieder in komatösen Tiefschlaf. (10 Punkte)

2. *Im Büro begegnet dir als Erstes ein extrem geschäftiger Kollege. Als er dich sieht, sagt er: »Gut, dass ich dich treffe! Kannst du bitte …«*
… »Aber jederzeit erledige ich etwas für dich, lieber Kollege«, fällst du ihm ins Wort. (0 Punkte)
… du täuschst eine Mischung aus Herzanfall und Kreislaufschwäche vor und rettest dich aufs Damen-Klo. (5 Punkte)
… »Dir auch einen guten Morgen!«, rufst du zurück, weil dein Tinnitus heute Morgen schon so laut fiepst, dass du ihn gar nicht richtig verstehen kannst. (10 Punkte)

3. *Zur Mittagspause fragt dich die Kollegin, ob du mitkommst in die Kantine. Du …*
… lehnst dankend ab, weil die Arbeit gerade so wahnsinnig spannend ist, dass du nur ungern unterbrechen würdest. (0 Punkte)
… nimmst dankend an und verschwindest auf der Stelle mit ihr. (5 Punkte)
… hebst den Kopf von der Schreibtischplatte und fragst gähnend: »Ist es schon wieder hell draußen?« (10 Punkte)

4. *Nach einem langen Zehn-Stunden-Tag …*
… machst dich sofort auf, um noch eine Runde durch den Wald zu joggen und anschließend im Baggersee an deinem Delfin-Schwimmstil zu feilen. Danach bereitest du dir zu Hause in aller Ruhe ein ausgewogenes Abendessen zu. (0 Punkte)
… schleppst du dich mit letzter Kraft nach Hause, weichst dem einstürzenden Turm dreckiger Wäsche aus, ignorierst das ungespülte Geschirr in der Küche und schenkst dir erst mal einen doppelten Whiskey ein. (5 Punkte)
… fummelst du etwa fünf Minuten am verflixten Schloss deiner Haustüre herum, bevor sich plötzlich die Tür öffnet und der freundliche Nachbar erscheint, der genau in der gleichen Wohnung wohnt – nur ein Stockwerk tiefer. (10 Punkte)

Auswertung:
0 bis 10 Punkte: Urlaub ist für dich ein Fremdwort wie »All inclusive« oder »Last Minute«. Wahrscheinlich müsstest du erst in deinem Arbeitsvertrag nachschauen, wenn jemand dich fragen würde, wie viele Urlaubstage im Jahr du hast. In jedem Fall erfüllt dich das Arbeitsleben in erstaunlichem Maße. Verschiebe den nächsten Urlaub getrost auf übernächstes Jahr.

15 bis 30 Punkte: Du bist eindeutig angezählt. Deine Schritte werden schwerer, die Buchstaben auf dem Bildschirm verschwimmen. Allzu lange solltest du deinen nächsten Urlaub nicht mehr hinauszögern.

35 bis 40 Punkte: Du bist reif für die Insel! »Last Minute« hat für dich schon eine bedenkliche Doppelbedeutung: Du solltest wirklich sofort Urlaub nehmen! Und noch ein Tipp: Vermeide die Sitzgelegenheiten auf dem Flughafen, auch wenn sie noch so verlockend aussehen! Erst schlafen, wenn du sicher im Flieger sitzt!

Da brauche ich gar nicht die Punkte zusammenzurechnen: Ich bin definitiv urlaubsreif!

Ich auch!!!

Liebe Kathrin, lieber Ingo,
wir zeigen euch gerne, wie ihr beim Urlaub sparen und genießen könnt.
Fangen wir mal mit der Anreise an. Die beliebtesten Transportmittel sind natürlich das Flugzeug und das Auto. Wie ihr mit einer sparsamen Fahrweise Benzin sparen könnt, steht auf Seite 49. Also kommen wir zum Fliegen. Da hat sich, wie ihr wisst, so einiges getan in den letzten Jahren. Die so genannten Billigflieger sind ganz groß in Mode und fliegen euch für 19 Euro durch ganz Europa. Selbst ein Tagestrip zum Ballermann dauert so auch nicht länger als die Fahrradtour zum nächsten Baggersee.
Es ist aber auch bekannt, dass der beworbene Preis so gut wie nie der Preis ist, den man am Ende auch bezahlt. Da kommen dann noch »Treibstoffzuschläge«, »Steuern« und »Gebühren« hinzu. So mancher Billigflieger erhebt sogar eine Rollstuhlfahrergebühr für alle Passagiere. Es gilt also, Preise wirklich genau zu vergleichen. Also: Alle Kosten zusammenzählen und dann schauen, was unterm Strich rauskommt!

Die Tricks der Fluglinien – wie spart man beim Fliegen?

1. Bei Angeboten der vielen Billigflieger alle Zuschläge für Gepäck, Kerosin, Verpflegung o.Ä. sowie für ominöse Steuern und Gebühren addieren und die jeweiligen Endsummen vergleichen. Auch die »normalen« Fluggesellschaften haben reagiert und bieten inzwischen günstige Flüge an.
2. Manche Flugzeuge landen in der Pampa, manche Flugzeuge direkt in der Metropole. Muss ein Transfer zum endgültigen Ziel bezahlt werden?
3. Bei längeren Flügen darauf achten, ob man einen Direktflug hat oder ob man umsteigen muss. Oftmals geben Fluglinien nur eine »Flugzeit« an, die die Wartezeiten am Umsteige-Flughafen nicht enthalten. Beim Besuch im Reisebüro kann man das ganz schnell überpüfen lassen.
4. Viele Fluglinien sind in Allianzen organisiert. Das kann Unterschiede beim Buchen ergeben. So können zwar zwei Fluglinien in einer Allianz sein, dennoch können zum Beispiel beim Sitzabstand beträchtliche Unterschiede bestehen. Auch hier hilft man im Reisebüro weiter.
5. Du sammelst Bonuspunkte oder Flugmeilen (auch die Billigflieger haben inzwischen Bonusprogramme)? Dann darauf achten, dass bei manchen Tarifen keine Punkte gutgeschrieben werden.
6. Falls möglich, unter der Woche fliegen. Da ist es günstiger als am Wochenende. Noch besser: Spät abends oder nachts fliegen. Ist sowieso schöner, da man die Sterne beobachten kann, wenn man am Fenster sitzt!
7. Willst du auch wieder zurückfliegen? Falls ja, unbedingt auch auf die Preise der Rückflüge achten. Oft kommt man zwar günstig hin, aber nur teuer wieder zurück!
8. Billigflieger sind so preisaggressiv, weil sie wirklich alles

wegstreichen, was nichts mit der Flugbeförderung zu tun hat. Es gibt dann nur minimalen Service, keine kostenfreie Verpflegung im Flugzeug, und die Flugbestimmungen sind meist knallhart. Solltest du zum Beispiel einen Flug nicht antreten oder verpassen, so gibt's meistens kein Geld zurück. Das Kleingedruckte zu lesen lohnt sich hier!

Langstreckenflug geplant? Prüfe verschiedene Flugrouten

Wer einen Langstreckenflug auf einen anderen Kontinent plant, der sollte im Reisebüro oder im Internet auch exotischere Verbindungen prüfen lassen. So kann es sich durchaus lohnen, den langen Flug von einem Flughafen eines Drittlandes (z. B. Niederlande, Großbritannien) zu starten und den ersten nahegelegenen Flughafen per Billigflieger, Zug oder Auto zu erreichen. So lassen sich gut und gerne 100 bis 200 Euro sparen.

Was meint die Jury?

- Oder einfach auf Seiten von Flugsuchmaschinen schauen (www.kinkaa.de, www.discountflieger.de …)

- Als ich nach Südafrika geflogen bin, habe ich mir auch verschiedene Angebote eingeholt. Ich bin via die Niederlande nach Südafrika geflogen. Da es mir auf die Zeit nicht so ankam (bin dort ein halbes Jahr geblieben), war die Geldersparnis gegenüber einem »direkten« Flug aus Deutschland natürlich super.

- Man könnte auch überlegen, ob es wirklich sinnvoll ist, ans andere Ende der Welt zu fliegen, um dort die bleichen Füße in die Sonne zu hängen.

- www.travel-overland.de zeigt mehrere Routen, vergleicht die Preise.

Es gibt aber auch einige absolute Profitipps …

Sparen wie die Profis

1. Wer sich bei seinem Wunschziel nach den Fluglinien richtet, der kann richtig abstauben. Einfach auf der Flughafen-Website nachschauen, welche Linien vom nächstgelegenen Flughafen abheben. Dann auf den entsprechenden Fluglinien-Websites die Angebote abklappern und dann günstig und spontan dorthin fliegen, was die Fluglinie günstig vorschlägt.

2. Wenn man im Ausland einen Inlandsflug machen möchte (du bist zum Beispiel in Spanien und willst innerhalb Spaniens fliegen), ist es manchmal günstiger, diesen direkt bei einer dortigen Fluggesellschaft zu buchen. So kann man z. B. mit der Iberia relativ günstig fliegen. Ähnliches gilt z. B. auch für innerjapanische Flüge. Nimmt man dort mit dem Flugcoupon-Programm der All Nippon Airways (www.anaskyweb.com), so kann man in den Genuss von guten Rabatten kommen.

Und Air Mauritius bietet günstige Flüge für frischverheiratete Paare an (www.air-mauritius.de).

3. Immer mehr Fluglinien bieten eine Art »Meilenaufschlag« an. Wenn man Vielfliegermeilen sammelt, aber einen Flug bucht, für den es keinen Meilenbonus gibt, so kann man sich gegen einen kleinen Aufschlag diese Meilen dennoch gutschreiben lassen. Ein Beispiel: Fliegt man für 800 statt für 750 Euro von Deutschland nach Australien, erhält man so viele

Meilen, dass das schon wieder für einen innereuropäischen Flug reicht. Nicht schlecht für 50 Euro, oder?

4. Manche Billigflieger wie zum Beispiel JetBlue (USA) bieten beträchtliche Rabatte, wenn man für mindestens zwei Personen bucht.

5. Singapore Airlines bietet das »Boarding Pass Privilege« an. Wer bis zu sieben Tage nach seinem Singapore-Airlines-Flug bei über 300 verschiedenen Hotels, Shops oder Restaurants einkauft und dabei seinen Boarding Pass vorzeigt, erhält bis zu 70 Prozent Rabatt. Mehr Infos gibt es dazu unter www.singaporeair.com.

6. Manche Airlines bieten auch kostenlose Bahntickets an, um den Flughafen zu erreichen. Ein Beispiel hierfür wäre American Airlines (www.aa.com), die das Zugticket zahlt, wenn die Anreise zum Frankfurter Flughafen mehr als 50 Kilometer beträgt.

Falls du etwas Zeit hast und es egal ist, wenn du einen Tag später abfliegst (zum Beispiel vor oder nach einem Studienaufenthalt oder Praktikum im Ausland), ist folgender Tipp nicht schlecht:

Voluntary Stand-by – Flug geschenkt bekommen

Fluggesellschaften überbuchen ihre Flüge gern, weil sie wissen, dass es immer ein paar Leute gibt, die den Flug nicht antreten werden. Sollten jedoch zu wenig Leute abspringen, ist das Flugzeug tatsächlich überbucht. In so einem Fall versuchen die Fluglinien Freiwillige zu finden, die einen Flug später fliegen. Als Entschädigung bekommt ein solcher Freiwilliger dann entweder einen Flug umsonst, einen Gutschein für einen weiteren Flug oder einen bestimmten Betrag in bar. Zudem wird man, wenn der nächste Flug erst am nächsten Tag geht, auf Kosten der Fluglinie in einem Hotel untergebracht.

Wenn du nun also flexibel bist und es nicht schlimm ist, dass du dein Reiseziel erst am nächsten Tag erreichst, dann kannst du dich am Check-In gleich schon als Freiwilliger melden und dich auf »Voluntary Stand-by« setzen lassen (freiwillige Warteliste).

Was meint die Jury?

• Super Tipp. Man sollte nur darauf achten, dass man Leuten, die einen am Zielflughafen abholen wollen, Bescheid gibt.

• Aber die überbuchen doch nicht jeden Flug, oder?

• Doch, fast jeder Flug ist überbucht. Vor allem im Sommer in der Urlaubszeit. Aber aus den Erfahrungswerten, wie viele Leute im Durchschnitt abspringen, funktioniert das ziemlich gut.

• Nicht nur »fast«, sondern jeder Flug wird mit bis zu zehn Prozent der Kapazität überbucht. Bei Lufthansa z. B. hat jeder Reisende mit einer Senatorkarte (Vielfliegerkarte mit fast höchster Priorität) bis 48 Stunden vor Abflug eine Buchungsgarantie, auch wenn die Klasse voll ist! Also wird überbucht. Nur die Firstclass wird garantiert nicht überbucht. Erfahrungsgemäß klappt es aber trotzdem, da viele Geschäftsreisende gleich mehrere Maschinen reservieren, die sie nicht benötigten und dann aber selten absagen …

• Ja, das kann man echt empfehlen, mir hat man in Argentinien mal angeboten, einen Tag länger zu bleiben, dann wäre ich erste Klasse geflogen … schade!

• … und warum bist du nicht?

Übrigens, hier ist noch ein Tipp für große Menschen, also eigentlich nichts für dich, Ingo, aber dennoch ein drängendes Problem.

Kostenlos mehr Beinfreiheit im Flugzeug

Es wird ja immer viel darüber gemeckert, dass die Fluggesellschaften ihre Sitzreihen im Flugzeug weiter und weiter zusammenrücken.

Es gibt aber eine Möglichkeit, wie man manchmal (nicht immer) an mehr Beinfreiheit kommen kann, ohne gleich viel Geld für die Business Class ausgeben zu müssen. Einfach beim Check-In fragen, ob man an einem Notausgang sitzen darf. In diesen Reihen ist immer mehr Platz vorhanden! Allerdings machen das nicht alle Fluglinien. Aber fragen kostet ja nichts!

Was meint die Jury?

- Fragen kostet nix – aber mittlerweile die Plätze an den Notausgängen. Zumindest bei den bekannten Charter-Airlines. Diese Plätze nennen sich XXL-Seats, wobei die Sitze nicht größer sind, aber zumindest hast du niemanden vor dir sitzen.

- Es gibt auch Notausgänge zwischen den Reihen. Dort läuft niemand vorbei, man hat aber dennoch etwas mehr Platz, da der Abstand zur nächsten Reihe einige Zentimeter größer ist.

- Dabei sollte man bedenken, dass die Aussicht aus dem Fenster dann nicht schön ist. Die Notausgänge sind nämlich an den Tragflächen.

- Und außerdem kann man auf diesen Sitzen das Handgepäck nicht im Fußraum verstauen und muss somit andauernd an die Oberklappen, wenn man was braucht.

- Die Rückenlehnen lassen sich wegen der Sicherheitsvorschriften in Höhe der Notsitze nicht nach hinten verstellen, und außerdem ist es kälter an den Notausstiegen! Als Vielflieger auf Kurzstrecken kann ich nur so viel dazu sagen: Ja, die Beinfreiheit ist an den Notausgängen in der Economy größer als auf den anderen Plätzen. In der Business Class ist die Beinfreiheit meistens gleich groß, nur die Armlehnen sind manchmal etwas weiter auseinandergestellt, wenn dabei der Mittelsitz freigelassen wird, aber nicht immer (Airlines sind eben unterschiedlich).

- Ihr vergesst, dass die »Exit-Row« nur an Personen vergeben werden kann, die im Notfall in der Lage sind, die Türen zu öffnen und dabei andere Passagiere nicht beim Aussteigen behindern. Das heißt im Klartext: keine älteren, behinderten, zu füllige Personen …

Neben dem Fliegen gibt es ja die umweltschonendere Möglichkeit, mit dem Zug zu verreisen. Auch wenn die Deutsche Bahn in Deutschland den Ruf hat, ein relativ teures Transportmittel zu sein, so gibt es doch mehrere Pluspunkte.

Bahn fahren mal günstig

1. BahnCard 50 oder BahnCard 25 lohnen sich schon ziemlich schnell. Vor allem wenn man Studierender ist, dann gibt's die Karte nämlich zum halben Preis. Auch Zusatzkarten für Lebensgefährten gibt es zum halben Preis.

2. Mit der BahnCard 25 sollte man früh buchen. Wenn man sich auf einen Zug festlegen kann, kommt man meist günstiger weg als mit einer 50er-Karte.

3. Mit Wochenend- oder Ländertickets kommt man zwar kaum vom Fleck, dafür sind sie aber unschlagbar günstig. Ideal, um mit Freunden einen Wochenendausflug zu machen!

4. Auf www.bahn.de kann man sich nach Sonderangeboten und Schnäppchen umschauen. Dort gibt es immer wieder »Sommerspecials«, Aktionen, Musicalreisen und Last-Minute-Angebote. Wenn man flexibel ist und eine Städtereise in Europa plant, findet man dort so gut wie immer interessante Angebote.

5. Mit dem InterRail-Ticket kann man schöne Wochenreisen durch Europa machen – semesterferienkompatibel!

Last but not least haben wir noch etwas über Busreisen:

Günstig reisen mit dem Bus

Busreisen haben heute nichts mehr mit »Kaffeefahrt« zu tun, sie führen meist in europäische Metropolen, und so kann man für oftmals ca. 100 Euro (Fahrt+Hotel) eine Städtereise machen und auch noch nette Leute jeden Alters dabei kennenlernen.

Oftmals ist das angebotene Programm freiwillig, und man kann an dem Wochenende tun und lassen, was man will. So günstig kommt man weder mit der Bahn noch mit dem Flugzeug in eine schöne Stadt.

Was meint die Jury?

- Toller Tipp, so was machen wir auch immer.

● Hier kann man sich mal die aktuellen Preise anschauen: www.deutsche-touring.de

● Danke nein! Wer einmal in seinem Leben in einem Bus eine Reise gemacht hat, der wird Busfahrten ganz nach oben auf die Liste der abtörnendsten Dinge im Leben setzen. Selbst wenn ihr mir noch Geld dafür geben würdet – ich würde lieber verzichten und mir ein schönes Wochenende auf Balkonien machen!

● Ich bin letzten Sommer mit dem Bus rund um die Ostsee gefahren. Fast 3000 Kilometer – ein einzigartiges Erlebnis, und du kommst an Orte, die du als Pauschaltourist niemals sehen würdest – genial.

● Es gibt auch Reiseveranstalter, die bieten Busreisen extra für junge Leute an, einfach mal googlen. Lohnt sich!

● Wenn man ewig im Bus sitzt und nicht sein eigenes Lunchpäckchen dabei hat, zahlt man an Raststätten oder beim Busfahrer für die Verpflegung eine Menge Geld. Lieber fliege ich günstig nach Paris und schau mir die Stadt drei Tage an, als mit dem Bus einen Tag hin, einen Tag dort zu sein und einen wieder zurückzufahren.

● Ich selbst habe eine Busreise nach London gemacht und fand sie – abgesehen davon, dass unser Bus mitten auf der Autobahn in Belgien angefangen hat zu brennen und wir die ganze Nacht auf einen Ersatzbus warten mussten – für den Preis gar nicht so schlecht. Wenn man einfach mal rumkommen will für wenig Geld, und einem ein einfaches Zimmer ohne Schnickschnack reicht, ist so eine Busfahrt genau das Richtige. :)

● Bin auch schon mit einer Busreise auf Korsika gewesen und fand die Zeit klasse. Wenn man viel weniger zahlt, kann man sich dafür ja ansonsten etwas mehr leisten, z. B. ein nettes Hotel.

Lohnenswerte Urlaubs-Websites

1. Hotelbewertungen findest du zum Beispiel unter www.hotelbewertung.de, www.holidaycheck.de oder www.tripadvisor.com (englisch).

2. Auf www.hrs.de (Hotel Reservation Service) finden Reisende kurzfristig weltweit sehr günstige tagesaktuelle Hotelangebote. Die Reservierung kann über die Website kostenlos erfolgen. Bezahlt wird dann im Hotel. Lohnt sich vor allem für kurze spontane Trips.

3. www.holidayandmore.de ist eine TÜV-geprüfte Internetseite, die attraktive Urlaubsangebote heraussucht, die dann automatisch über ein naheliegendes Reisebüro deiner Wahl gebucht werden können. Die Seite ist übersichtlich und gut zu bedienen, und durch den TÜV-Test alle zwölf Monate kannst du davon ausgehen, dass du gute Angebote angezeigt bekommst.

4. Auf www.travelzoo.de findest du jede Woche die Top-20-Reiseangebote, die ein Team von mehreren Mitarbeitern wöchentlich aus hunderten von Websites heraussucht. Du sparst dir also das mühselige Durchforsten dutzender Urlaubs-Websites. Die Top-20-Reiseangebote kannst du dir natürlich auch wöchentlich per Newsletter zuschicken lassen.

Darüber hinaus gibt es natürlich noch weitere Angebote im Netz. Es gibt auch viele Online-Reisebüros, wo die Buchung direkt online erfolgt. Allerdings ist hier die Beratung natürlich nicht so gut wie im Reisebüro (meist nur über eine teure Hotline), dafür bekommt man aber öfters günstigere Preise. Wer also genau weiß, wo er hin will, sollte unbedingt Preise vergleichen und schauen, ob er ein günstigeres Angebot im Internet findet.

Was sich als relativ unproduktiv herausgestellt hat, ist das Abonnieren von Newslettern der Fluggesellschaften und Reiseveranstalter. Hat man erst mal mehrere Newsletter abonniert, läuft das Postfach über und man kann aus der Mailflut kaum noch die besten Angebote herausfiltern. Und Newsletterdurchforsten ist eine sehr mühselige und zeitaufwändige Tätigkeit.

Also ich hab bisher einfach immer Last-Minute gebucht. Das ist doch immer am günstigsten. Wo ist das Problem?

Das Märchen vom Last-Minute-Urlaub

Vor einigen Jahren war Last-Minute schwer in Mode. Wer kurz vor knapp und schön spontan in den Urlaub wollte, der konnte das auch ziemlich günstig. Allerdings haben sich die Zeiten geändert: Last-Minute bedeutet nicht unbedingt auch extra günstig. Im Gegenteil: Heute sind die Frühbucher klar im Vorteil. Wer mehrere Monate im Voraus bucht, der bekommt nicht nur günstigere Preise, sondern auch sein Wunschhotel und die geschickteste Flugverbindung. Warum das so ist, ist schnell erklärt: Wer früh bucht, der muss auch früh zahlen. Das ist dann Geld, mit dem der Reiseveranstalter kalkulieren und wirtschaften kann. Also lockt er die Frühbucher mit Frühbucherrabatten. Und da die Reiseveranstalter Hotels und Flüge gerne um ca. zehn Prozent überbuchen, sollte man sich auch keine Hoffnungen machen, dass noch »kurz vor knapp« noch etwas frei wird. Es springen zwar immer Leute ab – aber da überbucht wurde, bleiben das Hotel und das Flugzeug immer noch schön voll.

Was meint die Jury?

● Ja, vor allem Billigflieger sollte man möglichst früh buchen, um noch günstigere Tickets zu bekommen. Lohnt sich vor allem bei Städtereisen. Was Pauschalreisen betrifft – da ist mir auch schon aufgefallen, dass Last-Minute nicht immer Last-Minute ist, vor allem, was den Preis betrifft.

Sollte man den Frühbucherrabatt verpasst haben und will dennoch in den Urlaub, so ist es immer noch besser, sechs Wochen vor dem geplanten Urlaub die Reise zu buchen, statt nur einer Woche früher. Je später es wird, desto voller sind die Urlaubsorte und desto teurer wird es.
Eine andere Möglichkeit ist, auf www.ltur.de unter »Super Last-Minute« reinzuschauen. Dort werden jeden Tag ab 20 Uhr Last-Minute-Reisen angeboten, die dann in den nächsten 48 Stunden losgehen. Wenn man so flexibel ist, kommt man schon mal ganz günstig weg!

Ach, so ist das? Und was ist besser – Pauschalreise oder selbst buchen?

Auf diese Frage lässt sich keine eindeutige Antwort finden. Es kommt immer drauf an. Bei einer Pauschalreise hat man immer noch Zusatzleistungen, die einem fehlen, wenn man alles selbst organisiert: Ein Zugticket zum Flughafen, der Hoteltransfer und eine Hotline gibt es nur bei Pauschalreisen. Bei Flugreisen kommt auch noch der Sicherungsschein hinzu, der einem die Rückerstattung des gezahlten Geldes ermöglicht, sollte die Fluggesellschaft pleitegehen.
Aber Pauschalreisen sind deswegen nicht unbedingt sonderlich viel teurer.
Allerdings sollte man immer vergleichen. Im Internet findet man normalerweise auch die Website des Hotels, das man buchen

möchte. Dort kann man sich die Zimmerpreise anschauen, und über die Websites der Billigflieger findet man heraus, wie günstig man dort hinkommt. Vor allem in der Nebensaison kann es sich dann lohnen, wenn man den Urlaub auf eigene Faust organisiert.
Und noch zwei Tipps: Man kann auch Hotelzimmer bei eBay ersteigern. Ein Städtetrip kann damit zu einem wirklich günstigen Wochenendausflug werden. Unbedingt probieren!
Die Jugendherbergen, auch in den großen Städten, stehen manchen Hotels in nichts nach und sind eine wirklich preisliche Alternative. www.jugendherberge.de

Wie ist das denn mit den Hotelsternen?

Liebe Kathrin,
mit den Hotelsternen ist das so eine Sache. Jeder Reiseveranstalter verteilt diese Sterne für sich. Daneben gibt es dann noch die Länderkategorien. Dort verteilen die Länder die Sterne selbst, und so bedeuten zum Beispiel drei Sterne in den USA nicht unbedingt das Gleiche wie drei Sterne in Spanien. Und wiederum daneben gibt es noch verschiedene Hotelverbände, die ebenfalls Sterne verteilen. Dabei haben alle Sterneverteiler unterschiedliche Leistungskataloge, nach denen die Sterne verteilt werden, die aber alle eine Wissenschaft für sich sind. Aus diesem Grund möchten wir nur grob auf die Unterschiede eingehen. Eigentlich richten sich die Hotelsterne nach der Ausstattung des Hotels (so kann unter anderem der Unterschied zwischen einem 3- bzw. 4-Sterne-Hotel darin bestehen, dass in dem einen Hotel ein Safe im Zimmer ist und beim anderen nicht). Die Erfahrung hat aber auch gezeigt, dass man in teureren Hotels mit vier oder fünf Sternen auch wesentlich besseres Essen, freundlicheres Personal und sauberere Zimmer erwarten kann.

Hotelsterne

*** bedeutet ungefähr »Ein Bett und eine Dusche«. Bei ** kann man meistens noch einen Stuhl erwarten. Diese Hotelkategorie eignet sich vor allem für Backpacker, denen es nicht auf den Komfort ankommt, und die sowieso gleich weiterreisen. Natürlich spart man dabei auch das meiste Geld.**

Bei einem *-Hotel geht Funktionalität vor Luxus. Nobel und teurer wird es dann bei **** bis *****. Hier kann man definitiv Luxus, freundliches und zuvorkommendes Personal und eine angenehme Atmosphäre erwarten.**

Habt ihr auch Tipps zum Sparen, wenn man im Urlaub ist?

Habt ihr vor, euch ein Auto zu mieten? Falls ja, dann könnt ihr dabei Geld sparen. Wenn ihr den Mietwagen drei Tage oder länger mieten wollt, so ist es meistens günstiger, wenn ihr das direkt im Reisebüro macht. Soll's eine spontane Inselrundfahrt werden und ihr benötigt das Auto nur für einen Tag, so ist es in der Regel günstiger, wenn ihr vor Ort im Hotel oder bei einer Mietwagenfirma auflauft und das Geschäft abschließt. Lasst euch aber keine zusätzlichen Versicherungen aufschwatzen. Eine Fahrgastunfallversicherung oder Ähnliches ist meist nicht nötig. Solange eine Kasko- und Haftpflichtversicherung im Paket mit eingeschlossen ist, seid ihr auf der sicheren Seite.
Fragt an der Hotelrezeption nach Insidertipps. So kann man oft Roller, Fahrräder oder andere Fortbewegungsmittel mieten, die nicht nur Geld sparen können, sondern auch richtig Spaß machen. Die Hotelrezeption ist auch eine gute Informationsquelle, wenn es darum geht, Supermärkte oder Ausflugsrouten zu finden. Denn die Touristenläden sind um einiges teurer als die Supermärkte, in denen die Einheimischen einkaufen und die meist nur ein paar Straßen vom Touristenzentrum entfernt sind.

Bezahlen im Ausland

Es gibt natürlich mehrere Möglichkeiten, im Ausland zu bezahlen. Die wichtigsten und geschicktesten wollen wir hier kurz besprechen.

Bargeld
Mit Bargeld kommt man natürlich immer weiter. Allerdings hat es den Nachteil, dass man an das Bargeld »rankommen« muss. Dabei hat es sich als besonders geschickt erwiesen, das Geld direkt in den Banken im Reiseland umzutauschen. Der Euro ist eine verbreitete Währung, so ist es kein Problem, im Ausland in eine Bank zu stiefeln und das Geld in die Landeswährung zu tauschen. Will man sein Geld bereits hier in einer deutschen Bank umtauschen, so muss man meistens ein paar Tage warten, bis das Geld da ist, und dann zahlt man meist noch Gebühren dafür. Keinesfalls solltest du Geld in Wechselstuben wechseln. Da wirst du nur über den Tisch gezogen.
Von Vorteil kann es sein, wenn man ein Konto bei der Postbank hat. Denn dann kann man in aller Regel im Ausland in jeder Postfiliale Geld abheben. Genauere Infos gibt's auf der Post.

Kreditkarte
Wer eine Kreditkarte besitzt, kommt damit vor allem in Nordamerika sehr gut zurecht, da dort die Akzeptanz sehr groß ist. Allerdings kommen Studierende oder Schüler oftmals nicht allzu einfach an eine eigene Kreditkarte, und man bezahlt im Ausland Gebühren, die sich in der Regel aber durch einen besseren Wechselkurs wieder ausgleichen.

Ein weiterer Vorteil ist, dass man die Karte im Fall eines Diebstahls oder Verlusts sperren lassen kann (dazu immer die Telefonnummer der Hotline separat aufbewahren). Weiterhin beinhalten viele Kreditkarten zusätzliche Annehmlichkeiten wie Auslandskrankenschutz und sonstige Reiseversicherungen. Dazu am besten beim Kreditkartenunternehmen nachfragen, ob die eigene Karte so etwas auch bietet.

Auch werden Kreditkarten oft als eine Art »Pfand« benötigt, wenn man in ein Hotel eincheckt oder einen Wagen mietet. Hat man dann keine Kreditkarte dabei, von der die Daten hinterlegt werden können, kann es sein, dass man einen nicht unbeträchtlichen Geldbetrag hinterlegen muss.

Ein Nachteil der Kreditkarte ist, dass, wenn man einmal nicht damit zahlen kann und tatsächlich Bargeld notwendig ist, das Abheben am Bankautomat schon mal fünf Euro kosten kann.

Travellers Cheques

Travellers Cheques genießen eine ähnliche Akzeptanz wie die Kreditkarte. Sollten sie verloren gehen oder gestohlen werden, kann man sie ebenfalls sperren lassen. Will man sie in Bargeld umtauschen, so muss man keine Gebühren dafür zahlen.

Es gibt auch die Travellers Cheques Card, die man vorher per Lastschrift aufladen kann und dann damit im Ausland wie mit einer Kreditkarte bezahlen kann. Der Vorteil ist, dass, wenn man Bargeld damit abheben will, die Gebühren geringer sind als bei einer Kreditkarte.

Hier noch der absolut subjektive Mutti-Insidertipp in Sachen Urlaubsziel – genial und geheim:

Wir empfehlen Sardinien in der Nebensaison: Dann ist es nicht überlaufen, und man sagt, Sardinien habe noch schönere Strände als die Karibik zu bieten.

Moment, jetzt habt ihr uns so scharf gemacht, aber es hilft wohl alles nichts, erst mal müssen wir zu Hause bleiben …

Kathrin, bitte!?

Nix da, wir machen es uns hier gemütlich, und wenn du dein Sportstudio endlich kündigst, können wir im nächsten Jahr vielleicht in die Sonne …

Fitness für wenig Schotter

Seltsam, seltsam: Gerade um die Weihnachtszeit flattert oft Post von Fitnesscentern in euern Briefkasten. Darin werben die Ertüchtigungsanstalten mit vordergründig günstigen Willkommensangeboten für die Stärkung der Muskeln und die Straffung widerspenstiger Körperzonen. Unterm Strich sind es dann aber doch erhebliche Beträge, die man dort löhnt. Nicht jeder kann oder will monatlich so viel Geld abdrücken, um sich in Form zu bringen. Denn es gibt auch günstigere Lösungen:

1. Mitgliedschaft in einem Sportverein
Oft sind dort auch Krafträume vorhanden, die ihr benutzen könnt. Dabei ist der Mitgliedsbeitrag in einem Sportverein deutlich günstiger als in den meisten Trainingshallen professioneller Anbieter – schließlich ist ein Verein ja schon per Gesetz gemeinnützig. Außerdem könnt ihr tatsächlich auch von weiteren Angeboten profitieren, denn oft gibt es im Rahmen von Vereinen Trainingscamps oder Jedermann-Wettkämpfe, bei denen man auch als absoluter Hobbysportler teilnehmen kann und Spaß hat. Zudem sind Vereine weniger anonym als Muckibuden, wo die meisten zwischen Arbeitsende und Feierabend schnell ihr »Programm« abspulen.

2. Schnupperwochen in der Muckibude
Fast jedes Fitnesscenter bietet in regelmäßigen Abständen Schnupperwochen an. Wer weiß, dass er sowieso nur gelegentlich in diese Anstalten gehen wird (etwa weil im Sommer der Waldpfad oder der Weg zum Baggersee viel attraktiver sind), der kann sich durchaus überlegen, ob er nicht systematisch von einer Schnupperwoche zur nächsten tingelt. Am besten kurz anrufen, oft ist sogar ein Gratis-Training abseits dieser Aktionen möglich. Natürlich muss man dann die Werbeversuche der dortigen Manager über sich ergehen lassen – und man sollte bei der gleichen Tour im nächsten Jahr vielleicht mit einer anderen Frisur oder unter anderem Namen auflaufen.

3. Der gute alte Trimm-dich-Pfad
Es war einmal in den Siebzigerjahren, als überall in Deutschlands Wäldern Trimm-dich-Pfade wie Pilze aus dem Boden schossen. Damals schwappte eine Welle der Sportbegeisterung durchs Land, ausgelöst von den Olympischen Spielen 1972 in München. Mehr als 1500 dieser Pfade entstanden. Tatsächlich gibt es auch heute einige davon, die weiterhin in Schuss gehalten werden. So banal es vielleicht klingt: Aber ein Lauf auf diesem Parcours mit den dazugehörenden Übungen (Klimmzüge, Bockspringen!) kann dich schnell fitter werden lassen – und zwar völlig umsonst! Und außerdem: Ist Retro nicht gerade wieder total angesagt?!

4. Mehrjährige Mitgliedschaft
Wer wirklich regelmäßig ins Fitnesscenter geht (und hier empfehlen wir eine wirklich kritische Selbsteinschätzung), kann mit den Angeboten für mehrjährige Mitgliedschaften ebenfalls gutes Geld sparen. Einige hundert Euro billiger kommt man dabei weg, wenn man sich etwa für zwei oder drei Jahre »verpflichtet«. Einige Studios bieten sogar »lebenslang« an. Aber Vorsicht: Die Lebenssituationen ändern sich oft schneller, als

man denkt – und dann muss man beruflich oder aus privaten Gründen wegziehen, und das schöne Geld ist futsch.

5. Für Studies: Allgemeiner Hochschulsport
Für Studenten besteht noch ein besonderes Angebot, denn die meisten Hochschulen bieten ein breites Sportprogramm an – und zwar für alle eingeschriebenen Studenten. Dort findet ihr fast alles, was das Herz begehrt, und oft kann man die Einrichtungen der Sportfakultät wie etwa den Kraftraum nutzen. Das alles ist für umme. Am besten auf der Homepage eurer Uni nach dem Begriff »allgemeiner Hochschulsport« suchen.

6. Für die echten »Muttis«: Workout in Haus und Garten
Super Body und zu Hause Klar Schiff mit dem Frag-Mutti-Body-Coach, denn wissenschaftliche Studien haben gezeigt, dass Staubsaugen und Bettenmachen genauso effizient und wirkungsvoll sein können wie die Stunden im Fitness-Studio. Die besten Übungen gibt's unter www.frag-Mutti-Body-Coach.

Außerdem haben wir den Wald vor der Tür, und da ist Joggen ganz umsonst.

Außer die Schuhe, aber dafür gibt's uns.

Günstige Laufschuhe

Beim Kauf von Laufschuhen sollte man das Herstellungsjahr in der Lasche beachten, zum Beispiel »08« bedeutet neuestes Modell. Es kann schon mal vorkommen, dass man dir ein Modell von 1999 als neues Modell andrehen will. Also immer schön auf die Lasche achten, und dann gut mit dem Händler über den Preis verhandeln! (Auslaufmodell!)

Das meint die Jury:

- »Auslaufmodell« in Verbindung mit Schuhen finde ich witzig.

- Der Tipp ist super! Nur bei mir steht 06/02, gekauft 2002, also wohl damals das aktuellste Modell.

- Kann doch auch Februar 2006 heißen.

- 2002 gekauft und hergestellt 2006? Na, aber sicher!

- Wahrscheinlich in China. Mit der ganzen Zeitverschiebung kommt das hin …

- Die Jahreszahl steht immer am Ende!

- Bei den komischen Amis steht die Jahreszahl immer vorne. Und der Tag in der Mitte. Was für ein Sch***.

- Was für einen Tag meinst du?

Sportkleidung lässt sich auch günstig in den Outlets von Markenherstellern erstehen. Dabei sollte man allerdings Folgendes beachten:

Die Wahrheit über Outlets

Es ist ja fast ein gleichwertiger Ersatz für den Pauschalurlaub geworden – der Wochenendtrip ins Outlet-Center. Bei uns in Schwaben ist es Metzingen, wo sich rund 60 Werksverkäufe auf der grünen Wiese drängen. Viele sehr klangvolle Marken

haben hier einen Laden, in dem Ware mit angeblich enormen Rabatten angeboten wird. Bis zu 70 Prozent verspricht die Werbung, aber das ist ein Versprechen, das nur sehr selten gehalten wird.

Hier sind ein paar wichtige Infos, die ihr beim Einkauf in solchen Outlets beachten solltet.

1. Keine aktuelle Ware
Es wird in der Regel keinerlei aktuelle Ware angeboten, was gerade bei sehr modischen Klamotten richtig nervig sein kann. Denn oft sind Schnitte und Farben vom vergangenen Jahr einfach – out!

2. Speziell für Outlets produzierte Ware
Der Werksverkauf ist ein wachsender Markt. Für die Hersteller lohnt es sich deshalb, Konfektionen eigens für ihre Outlets zu produzieren. Eigentlich ja kein Problem. Aber Vorsicht: Hier ist in der Regel die Qualität nicht so hoch wie bei »regulärer« Ware.

3. Rabatte künstlich vergrößert
Die Preise, die in Outlets als ursprüngliche Ladenpreise ausgewiesen werden, sind oft zu hoch angesetzt. So erscheint der Nachlass deutlich höher. In der Regel übersteigt der angebliche Ladenpreis (im Jargon »Streichpreis« genannt) den tatsächlichen Marktpreis um etwa zehn Prozent. So werden die Klamotten zwar mit einem Abschlag von 30 Prozent angeboten, reell sind es jedoch höchstens 20.

4. Größenauswahl begrenzt
Und natürlich gibt es keine Garantie, dass ihr die dortigen Klamotten auch in eurer Größe findet. Menschen mit absoluten Standardgrößen haben oft ebenso Probleme wie Menschen am Rand der üblichen Normen. Wie gesagt, es gibt hier keine

Regel und leider auch keine Garantie. Im schlimmsten Fall fahrt ihr stundenlang über Land, nur um ein oder zwei Kleidungsstücke anzuprobieren, weil sonst gerade nichts da ist.

Mensch Kathrin, an einem kommen wir doch vorbei, wenn wir uns demnächst mal die neue Dependance unserer Firma ansehen.

– wovon ich ja nicht richtig begeistert bin!

Es ist ja noch nichts entschieden mit dem neuen Job. Außerdem wäre es nur für ein Jahr. Und das bisschen an Fahrt …

Gut 400 Kilometer ist schon ein ziemliches bisschen. Das läuft bei uns dann auf eine Wochenendbeziehung hinaus. Was ich gar nicht witzig finde. Das gibt doch jede Menge Ärger, kostet Zeit und Geld – und am Ende geht dann vielleicht noch die Ehe kaputt!

Keine Panik! Das haben schon andere Paare überlebt. Und wenn man es schlau anstellt, kann man sich und dem Partner auch hier jede Menge Ärger sparen. Wir haben euch da mal was zusammengestellt.

Fernbeziehung: So klappt die Liebe über Meilen

Ja, zu diesem Thema kann man natürlich Bücher verfassen! Das wurde auch schon gemacht, von eindeutig berufeneren Geistern als wir es sind. Aber ein bisschen Lebenserfahrung besitzen auch wir – und die teilen wir liebend gerne mit euch!

Hier sind unsere Tipps, wie ihr eine kurze oder längere Phase Fernbeziehung am besten übersteht:

1. Streitkultur aufbauen
Schluss mit der Harmoniesucht! Nur wer sich gut streiten kann, hat auf Dauer als Paar eine Chance. Das gilt in besonderem Maße für alle Fernbeziehungen, weil dort sozusagen unter erschwerten Bedingungen gestritten wird: Zeitdruck, eingeschränkte Kommunikation (am Telefon), erhöhter Erklärungsbedarf durch unterschiedliche Alltagswelten und so weiter. Also ist es hier besonders wichtig, eine gute Streitkultur aufzubauen und zu pflegen.

2. Feste Ziele setzen
Besonders wichtig ist es, gemeinsame Ziele zu formulieren. Das gilt für die Gegenwart genauso wie für die Zukunft. Beim Abschied am Sonntagabend hilft es sehr, wenn das nächste Treffen bereits feststeht. Und für die gemeinsame Zukunft ist ein allgemeiner Rahmenplan ebenfalls hilfreich. Etwa die Aussicht, in zwei Jahren wieder in einer Stadt leben zu wollen. Oder ein gemeinsames Sabbatical-Jahr einlegen zu wollen. Oder oder oder. Diese Fixpunkte helfen euch, das gemeinsame Leben bei all den Trennungen und Abschieden nicht aus den Augen zu verlieren.

3. Reges Sozialleben pflegen
Auch wer sich nur am Wochenende sieht, sollte sein Sozialleben in dieser Zeit nicht »dem Partner zuliebe« auf Null herunterfahren. Erstens ist das für eure Freunde auf die Dauer frustrierend. Und zweitens möchte euer Partner vielleicht auch mal was anderes als Zweisamkeit erleben – entweder kommt er mit zu einer geselligen Runde oder er gönnt sich ein paar Stunden Ruhe von der Beziehung. Auch das sollte am Wochenende drin sein.

4. Entspannung auch zu zweit pflegen
Ruhe ist ein gutes Stichwort: Plant bei eurer gemeinsamen Zeit immer wieder auch Leerlauf-Phasen mit ein. Nichts ist anstrengender als Freizeitstress zu zweit! Denn Druck gibt es auf der Arbeit oder im Studium ja bereits genug. Und das Pendeln mit den ganzen Staus und überfüllten Zügen oder Flugzeugen bereitet auch nur wenig Spaß. Also lasst es immer wieder mal ruhig angehen, nehmt euch Zeit füreinander und euch selbst.

5. Gut zu sich selbst sein
Das ist zwar eine Binsenweisheit, aber eine entscheidende! Gönnt euch selbst immer wieder mal etwas Gutes, auch unter der Woche. Damit nicht alles Schöne aufs Wochenende und die gemeinsame Zweisamkeit verschoben werden muss – und dieses dann unter dem allgemeinen Erwartungsdruck gründlich in die Hosen geht.

Wie wild weiterklicken …
… frachtschiff-reisen.net
… izetit.de
… geizhals.de
… handgegenkoje.de
… gartentechnik.de
… urbanacker.net
… vertipp-dich.de

Outro

Kathrin: Was soll ich sagen: Wir sind begeistert! Stimmt es, Ingo. Der nickt heftig. Noch vor wenigen Monaten standen wir kurz vor dem finanziellen Kollaps, weil einfach keine Kohle mehr da war. Und das, obwohl wir beide ja durchaus was verdienen! Aber heutzutage ist das ja nicht mehr so einfach: Mit den ganzen Preissteigerungen und so muss man schon aufpassen, wie viel Geld täglich so rausgeht. Euch muss ich es ja nicht sagen – alles wird teurer. Und wir in unserem jugendlichen Leichtsinn haben einfach vor uns hin gelebt. Mal ehrlich, wenn da zum erstem Mal so ein Gehaltsscheck auf dem Konto landet, dann denkste doch einfach: jetzt bin ich der King! Den Schotter kann ich ja nie ausgeben!

Ingo: Das Gefühl kenne ich nicht. Denn ich kriege alles ausgegeben!

Kathrin: Ja, klar, das habe ich inzwischen auch kapiert. Aber was ich auch kapiert habe – dass Sparen richtig Laune machen kann! Und das haben wir Bernhard und Hansi zu verdanken!

Ingo: Genau, vielen Dank! Wir sind gerettet! Und überhaupt ist das ja alles total vielschichtig. Wo man überall sparen kann, und was man alles sparen kann – inzwischen haben wir so richtig sportlichen Ehrgeiz entwickelt. Mit meinen Jungs diskutiere ich sogar schon während unserer Männerabende die neuesten Spartipps. Kathrin und ich haben uns außerdem überlegt, eine Art Sparclub aufzumachen. So mit Stammtisch und jährlicher Vereinsmeisterschaft. Und wir haben noch weitere Ideen: Wie wäre es mit einer Sparschule? Da bieten wir eine Art Spar-Führerschein an, nach dem eine gewisse Anzahl an Spar-Stunden absolviert wurde. Das wäre doch auch eine tolle Sache.

Muttis: Na, das freut uns aber! Als Schwaben stehen wir ja immer unter dem Generalverdacht des Geizes. Aber wir sind bei Sparen total undogmatisch. Aber bei diesem ganzen Geiz-ist-geil-Quatsch übersieht man halt schnell, dass Sparen viel mehr ist als nur Pfennigfuchsen. Es kann auch die Konzentration auf das Wesentliche bedeuten.

Ingo: Oh die Muttis werden philosophisch?

Muttis: Keine Angst. Wir wollen nur, dass ihr, liebe Leserin und lieber Leser, bei all den Tipps und Tricks viel Spaß hattet mit diesem Buch. Und wenn euch nun jede Menge intelligente, coole oder schräge Spartipps eingefallen sind – nur her damit!

In diesem Sinne: schafft es gut!
Euer

Bernhard und Hansi

Wo finde ich was?

Bernhard Finkbeiner, Hans-Jörg Brekle

Frag Mutti

Das Handbuch nicht nur für Junggesellen

Band 16937

Irgendwann erwischt es dich: Du fliegst aus dem »Hotel Mama«. Knallhart siehst du dich plötzlich dem schonungslosen Alltag ausgesetzt. Waschen, putzen, kochen – was früher im Wunder-Mutterland wie ein weit entfernter Fluch klang, musst du jetzt ganz alleine bewältigen. Zwei Junggesellen, die diese schwere Schule durchlitten haben, helfen mit wertvollen Tipps und Tricks, die erste Zeit im K(r)ampf mit den alltäglichen Tätigkeiten zu meistern. Alles ist garantiert alltagserprobt – und nach intensiver Lektüre ist der Anruf bei »Mutti« bald überflüssig ...

»Auch erfahrene Hausfrauen können noch dazu lernen.«

brigitte.de

Das Buch zur »mit Abstand nützlichsten Website der Welt«

Sat.1

Fischer Taschenbuch Verlag

fi 16937 / 1

Bernhard Finkbeiner
Hans-Jörg Brekle

Frag Vati

Das Nachschlagewerk für alle Lebenslagen

Band 17474

Das Erfolgsduo Bernhard Finkbeiner und Hans-Jörg Brekle hilft bei allen Fragen rund um Heimwerken, Auto und Job mit Tipps und Tricks, wie sie nur von Vati kommen können. Hier werden Fragen wie: Welche Grillkohle brauche ich für mein Fünf-Sterne-Würstchen?, Woher kommt der Seemannsknoten in meiner Krawatte? oder Gibt es einen Einerdübel und wenn ja, wie kommt er dann am besten in meine Wand? beantwortet. Die unentbehrliche Fortsetzung des Bestsellers »Frag Mutti« – wieder mit Komplettlösungen für alle Alltagsfallen. Alles garantiert praxiserprobt!

»Zwei Studenten, die den Eindruck erwecken,
Deutschlands perfekteste Hausmänner zu sein.«
Günther Jauch, stern TV

Fischer Taschenbuch Verlag

fi 17474 / 1